Der Autor Dr. phil. Bernd Schmid (Jhg. 1946) ist Gründer und Leitfigur der isb GmbH Wiesloch (seit 1984) und der Schmid Stiftung (seit 2011). Er war international tätig als Referent, Lern- und Professionskulturentwickler sowie als Unternehmer und Gründer von Initiativen und Verbänden. Seine Expertise in der Organisationsentwicklung und im Coaching stellt er heute als Mentor und Konzeptentwickler an der Schnittstelle von Profit- und Nonprofit-Unternehmertum zur Verfügung.

Schmid ist unter anderem Ehrenmitglied der Systemischen Gesellschaft und Ehrenvorsitzender im Präsidium des Deutschen Bundesverbandes Coaching. Er ist Preisträger des Eric Berne Memorial Awards 2007 der Internationalen TA-Gesellschaft ITAA, des Wissenschaftspreises 1988 der Europäischen TA-Gesellschaft EATA sowie des Life Achievement Awards 2014 der Weiterbildungsbranche. 2017 ehrte ihn die Deutsche Gesellschaft für Transaktionsanalyse DGTA für sein Lebenswerk.

Zahlreiche Essays zu persönlichen und professionellen Themen finden sich unter: www.isb-w.eu/campus/de/schrift/Blogarchiv-von-Bernd-Schmid-0000SY0812D.

Weitere Veröffentlichungen zum kostenlosen Download sowie Videos stehen bereit unter: www.isb-w.eu/campus/de und www.youtube.com/user/ISBlearning.

Kopieren, Nutzen und Weiterverbreiten aller über die isb-Website zugänglichen Materialien ist unter Quellenangabe erlaubt und erwünscht.

Bernd Schmid

Unternehmerische Kompetenz für Beratung und Coaching

im Feld PE, OE, Management und Führung

tredition

© 2025 Bernd Schmid

Website: www.isb-w.eu

Lektorat von: Jutta Werbelow
Coverdesign von: Bettina Gentner
Satz & Layout von: Bettina Gentner
Covergrafik von: Bernd Schmid

Druck und Distribution im Auftrag des Autors:
tredition GmbH, Heinz-Beusen-Stieg 5,
22926 Ahrensburg, Deutschland

Kontaktadresse nach EU-Produktsicherheitsverordnung:
schmid@isb-w.eu

Inhaltsverzeichnis

Einleitung

In diesem Buch wird die unternehmerische Seite von Beratung und Coaching im Feld Personalentwicklung (PE), Organisationsentwicklung (OE), Management und Führung behandelt. Es basiert auf der Erfahrung, dass unternehmerisch belastende Entwicklungen weniger auf mangelnde Fachlichkeit als auf sympathische, aber problemerzeugende Vorstellungen bezüglich Unternehmensgründung, Unternehmensentwicklung und Unternehmensübergabe zurückzuführen sind.

Es handelt sich nicht um ein systematisches Lehrbuch, sondern diskutiert beispielhaft alle Phasen unternehmerischer Entwicklung. Dabei werden Erfahrungen des Autors als Unternehmer wie auch aus der Beratung von Unternehmern verdichtet zur Reflexion eigener Erfahrungen der Lesenden angeboten.

1. Angestellte, Freiberufler, Unternehmer, Investoren[1]

Berufe im Organisations-Bereich können in unterschiedlichen Organisationsformen ausgeübt werden. Da sind zunächst die Angestellten: Diese sind im Bereich Organisationen in der Mehrzahl. Auf ihre Perspektive wird in diesem Band nicht explizit eingegangen. Dennoch sind die folgenden Ausführungen für sie wichtig. Denn sie sind Betroffene und Mitwirkende bezüglich unternehmerischer Entwicklungen und der Organisationskultur. Auch liebäugeln viele Angestellte damit, eine freiberufliche Laufbahn einzuschlagen.

Bei erfolgreicher Entwicklung wird oft Jahre später der Übergang zum Unternehmer, der z. B. eigene Mitarbeiter beschäftigt, angestrebt. Dies geht mit mehr veränderten und zusätzlichen Rollenanforderungen einher als vielen bewusst ist. Gleiches gilt für den meist noch späteren Übergang zum Investor. Werden die Unterschiede in den Anforderungen vernachlässigt, so können erhebliche Schwierigkeiten beim Übertritt in veränderte Organisationsformen und Rollen die Folge sein.

Mit den Begriffen Angestellter, Freiberufler, Unternehmer und Investor sind Selbstverständnisse und die damit einhergehenden Perspektiven gemeint, die z. B.

---

[1] Aufgrund der besseren Lesbarkeit wird im Text das generische Maskulinum verwendet. Gemeint sind jedoch immer alle Geschlechter.

9

für gesellschaftliche Rollen, Beziehungen und Organisationsformen stehen. Sie zu unterscheiden, macht deshalb Sinn, weil man dann sich selbst und andere besser verstehen kann. Wie richtet man sich in der jeweiligen Dimension ein? Wie kann man von einem Stadium in das andere wechseln oder sich parallel und im Zusammenspiel in diesen Sphären bewegen, ohne sich und andere zu verwirren?

In diesem Kapitell werden die unterschiedlichen Perspektiven skizziert, Übergangsherausforderungen benannt und am Beispiel des Autors illustriert.[2]

1.1 Freiberufler

Menschen, die selbst auf eigene Rechnung und in eigener Verantwortung wirtschaftlich tätig werden, bezeichnet man gewöhnlich als Freiberufler.

Freiberufler sind oft Menschen, denen Organisationsrollen in Unternehmen nicht die Selbstbestimmung und Handlungsfreiheit bieten, die sie anstreben. Viele verlassen deshalb eine Zugehörigkeit und oft damit verbundene relative Sicherheit in ökonomischer und ideeller Hinsicht. Andere sehen sich zu einem solchen Schritt eher genötigt, weil eine befriedigende Zugehörigkeit als Angestellte nicht zu finden ist oder sich auflöst. Sie wollen ihre Arbeitsleistung auf eigene Verantwortung und

---

[2] Anhang Literatur: Coaching-Magazin Online, 30.04.2021

aufgrund von Kontrakten mit eigenen Partnern zur Verfügung stellen, in die eigene Tasche wirtschaften und die damit verbundenen Risiken tragen.

Der Autor selbst war nach seinem Studium zunächst froh, einige Jahre als angestellter Dozent und Berater arbeiten zu können. Da er immer schon seinem eigenen Kopf folgte, passte dies, solange ihm die Organisationen, in denen er tätig war, alle Freiheiten ließen oder an seiner fachlichen Kompetenz und seinen eigenständigen Entwicklungen interessiert waren. Er spürte aber zunehmend, dass die Passung zwischen seinen persönlich-professionellen Entwicklungsinteressen und den durchaus berechtigten Prioritäten und Regelwerken seiner Arbeitgeber nicht tragfähig blieb. Einerseits wollte er die „Zweckentfremdung" seiner Freiheiten in der Organisation nicht länger verantworten, andererseits waren die Resonanzen auf seine Aktivitäten außerhalb so vielversprechend, dass er glaubte, den Sprung riskieren zu können. Als ihm dann ein unbezahlter Urlaub für eine Weiterbildung in den USA verweigert wurde, kündigte er zur Verblüffung seines Arbeitgebers spontan.

Ab dann war er als Psychotherapeut und Berater selbständig und bemerkte, dass er gegen anfängliche Unsicherheiten und „Verarmungsängste" Gelassenheit und Vertrauen bezüglich beruflicher Identität, Markterfolg und Finanzen entwickeln konnte. Es gab Menschen und Institutionen, die sein Selbstverständnis bestätigten und für seine Arbeit zu zahlen bereit waren. Er war in der Existenz des Selbständigen angekommen.

1.2 Unternehmer

Ein Unternehmer verfolgt eine Geschäftsidee, die er nicht mehr allein oder in Kooperationen mit anderen verwirklichen kann. Er sorgt für die Entwicklung einer Unternehmensstruktur, von Produkten und von Abläufen, die nicht allein auf seine Person beschränkt sind. Zwar entwickelt sich dies häufig aus der Hinzunahme weiterer Freiberufler in Unterauftragsverhältnissen oder einem Zusammenschluss von Freiberuflern, geht aber doch darüber hinaus. Festangestellte Mitarbeiter werden gebraucht, um die Eigenorganisation des Unternehmens zu bewerkstelligen. Neben kollegialen Freiberufler-Funktionen bekommen unternehmerische Tätigkeiten ihren eigenen Stellenwert. Eigentumsverhältnisse am Unternehmen, das Tragen von Risiken, die Beteiligung am Ertrag und das besondere Engagement für den Gesamterfolg werden nicht länger nebenbei abgehandelt. Stattdessen werden im Rahmen einer Rollendifferenzierung unterschiedliche Verantwortungsbereiche, aber auch Befugnisse und Unternehmereinkommen definiert. Das Unternehmen wird i. d. R. nach seinen Produkten und seinem Marktauftritt (um)benannt und nicht (länger) allein nach Personen und deren Profil. Der Unternehmer agiert als Repräsentant eines eigenen „Unternehmenskörpers", der Identität und Kontinuität jenseits der situativ agierenden Individuen repräsentiert.

Sicher gibt es auch Unternehmen mit anderer Entwicklungsgeschichte. Das Unternehmen entwickelt sich nicht aus einem Angestellten-Dasein oder einer Freiberuflichkeit der künftigen Unternehmer, sondern wird von

Anfang an mit einer unternehmerischen Gründungsidee von jemanden aufgesetzt, der hauptsächlich aus der Unternehmerrolle heraus die Entwicklungen vorantreiben und verantworten will.

Beim Autor ging es den im Beratungssektor üblichen Weg. Irgendwann war die Nachfrage so groß, dass andere Freiberufler einbezogen wurden. Die Weitergabe von Aufträgen allein – z. B. gegen Provision – hätte nicht zur Entwicklung eines verlässlichen gemeinsamen Auftritts und einer Marke geführt. Daher wurden nach und nach weitere Freiberufler in ein vom Gründer gesteuertes und verantwortetes Programm eingeführt. Zunehmend bekam Hintergrundarbeit Bedeutung, um die Lieferfähigkeit zu sichern sowie die Programmentwicklung und Programmqualität zu gewährleisten. Dies erforderte den Aufbau einer Struktur und deren Finanzierung, die Etablierung eines Geschäftsmodells und die Differenzierung von Befugnissen, Verantwortungen und dem Einkommen von Angestellten, mitwirkenden Freiberuflern und dem Unternehmer selbst. Am Ende wurde für Letzteren die Unternehmenssteuerung zur Haupttätigkeit und Unternehmertum zur Hauptidentität.

Diese Übergänge zu gestalten war für alle eine intellektuelle und emotionale Herausforderung. Je nach Zuordnung zu den verschiedenen Rollen im Unternehmen wurden sie in den dazugehörigen Verantwortungen gestärkt und von anderen entlastet. Aber eben auch Mitbestimmungsgewohnheiten und Interessen aus anderen Rollen wurden begrenzt bzw., es wurde geklärt, wie diese verwerfungsfrei mit den Zuständigkeiten im Unternehmen abgestimmt werden konnten.

Damit wurden die Rechte und Pflichten aller klarer und Diskussionen, die vielfältigen Vermischungen geschuldet gewesen wären, flauten ab. Damit gab es auch klare Profile, aufgrund derer die Beteiligten über realistische Erwartungen und über die Passung im Unternehmen entscheiden konnten.

Der Autor entschied sich, Alleininhaber, unternehmerisch Verantwortlicher und entsprechend Letztentscheider und Träger der unternehmerischen Chancen und Risiken zu bleiben. Gut 25 Jahre später wurde ergänzend eine gemeinwohlorientierte Stiftung gegründet und entschieden, das Unternehmen später an diese Stiftung zu übereignen. Profitunternehmen und Stiftung sollten Hand in Hand arbeiten. Die Stiftung sollte sich dann aus den Überschüssen des Unternehmens finanzieren, weshalb ihr das wirtschaftliche Wohlergehen des Unternehmens am Herzen liegen müsste. Und das Unternehmen sollte sich im Gegenzug im Profitbereich am Gemeinwohl orientieren. Sowohl das Unternehmen als auch die Stiftung sollten nicht durch private Investoren, sondern durch Fachleute aus dem Feld gesteuert werden. Renditeinteressen oder unternehmerische Verantwortung ohne Sachverstand sollten keinen Platz haben, sondern die unternehmerische Verantwortung im Unternehmen sollte durch eine berufene Geschäftsführung wahrgenommen werden.

1.3 Investor

Die letzten Überlegungen reichen schon in die Sphäre des Investors hinüber. Ein Investor beeinflusst Ströme von Ressourcen und strategische Entscheidungen, ohne in den damit verbundenen Wirtschaftsprozessen operativ tätig zu sein. Ressourcen können Finanzmittel sein, eigene oder „hinzuorganisierte", aber auch Sachverstand, Urteilsvermögen, Reputation, Feld- und Menschenkenntnis oder Aufmerksamkeit. Wichtig für diese Funktion sind, außer der Verfügung über finanzielle Ressourcen, Urteilsvermögen und Finfluss, über die ein „Kraftfeld" für das Unternehmen geschaffen und aufrechterhalten werden kann. Investoren sind von daher weniger in Vorständen und Managementfunktionen, sondern mehr in Initiativkreisen, Fördergremien oder Aufsichtsräten zu finden. Sie bilden Knotenpunkte in vielfältig vernetzten Systemen, von denen Ausrichtung und Steuerung der Ressourcen-Ströme ausgeht und die damit für andere rahmengestaltend wirken. Investorenqualitäten braucht es nicht nur für unternehmerisches Fortkommen im engeren Sinne, sondern auch für Entwicklungen im Feld z. B. in darin tätigen Verbänden, wissenschaftlichen oder kulturell orientierten Organisationen.

Beim Autor vollzog sich der Wandel zum Investor durch die Übergabe der Verantwortung im Unternehmen an einen angestellten Leiter sowie in der Stiftung an eine Leiterin. Als Noch-Eigentümer und Stifter konnte er zwar weiterhin mitentscheiden, wie in Aktivitäten und Entwicklungen investiert werden soll, überließ die unternehmerische Initiative und Verantwortung aber zunehmend den Funktionsträgern. Weiterhin investierte er in die Entwicklung des Professionsfeldes durch Verbandsarbeit, durch öffentliches Auftreten und richtungsweisende Impulse. Die Förderungen von Begabten und Talentierten im Feld durch Mentoring, durch Hilfe beim Sichtbarwerden, durch fachliche und finanzielle Unterstützung - sowohl im direkten Geschäftsfeld wie auch auf allgemein gesellschaftlichen Bühnen - kam hinzu. Dabei durften die eigenen Unternehmungen durchaus eine Stärkung erfahren, doch waren diese Aktivitäten eher von übergeordneter Verantwortung für das Feld und für das Gemeinwohl geprägt.

1.4 Angestellte als PE- und OE-Dienstleister

Personal- und Organisationsentwicklungsdienstleistungen, wie Beratung, Teamentwicklung oder Schulung, können auch von Angestellten als akzeptierte Nebentätigkeit übernommen werden. Hier gibt es Beispiele: In einem IT-Konzern dürfen sich ausgewählte Mitarbeiter zu zehn Prozent ihrer Kapazität innerhalb des Unternehmens als Dienstleister und Unterstützung in Lern- und Entwicklungsprozessen anderer Abteilungen zur Verfügung stellen. Diesen Menschen wird so nach einer angemessenen Weiterbildung ermöglicht, an der Entwicklung in anderen Unternehmensbereichen mitzuwirken. Für sie selbst bedeutet das ein Job-Enrichment bis dahin, dass daraus mit der Zeit eine eigene berufliche Identität werden kann. Für das Unternehmen bedeutet es, Feldkenntnisse und Insider-Wissen durch interne Dienstleistungen besser für eigene Entwicklungen nutzen zu können. Hier liegt der Gewinn neben der systemintelligenten Personenqualifizierung in einer gleichzeitigen Systemqualifizierung und dem Aufbau einer integrierten Lernkultur im eigenen Unternehmen.

Die meisten PE- und OE-Dienstleistungen werden von Angestellten erbracht, entweder als Funktionen im eigenen Unternehmen oder von angestellten Mitarbeitern externer Beratungs- und Bildungsunternehmen. Die meisten Karrieren in diesem Bereich beginnen daher in einer Angestelltenrolle. Viele neigen auch längerfristig zu dieser Rolle, in der sie sich so in einem von anderen gut vermarkteten und betreuten unternehmerischen Rahmen bewegen und ganz auf die direkte Arbeit mit den Kunden konzentrieren können. Für diese Kolleginnen und Kollegen passt das Angestelltenverhältnis auch langfristig, da andere für einen stabilen Rahmen sorgen. Ob dennoch ein Arbeitsplatzrisiko bleibt, hängt vom Arbeitsvertrag sowie vom Markterfolg und der Mentalität des Arbeitgebers ab. Eine Zwischen- oder Übergangsversion sind „feste Freiberufliche", die regelmäßig für wenige auftraggebende Unternehmen arbeiten. Dies kann komfortabel sein, solange die Aufträge gesichert sind. Allerdings ist zu bedenken, ob nicht zwecks Risikostreuung der Umsatz bei verschiedenartigen Kunden erwirtschaftet werden kann. Zu beachten ist außerdem, dass keine Probleme mit Scheinselbständigkeit entstehen.

Auch bezüglich der Ausweitung der Dienstleistungen gibt es fließende Übergänge Richtung Freiberuflichkeit und Unternehmertum. So können Berater, über die direkte Dienstleistung für den Kunden hinaus, zunehmend Kundenbetreuung übernehmen. Sie sorgen so für eine Erhaltung und Weiterentwicklung umfassender Auftragsbeziehungen. Dies bedeutet, dass sie an zusätzlichem Engagement und zusätzlichen Erfolgskriterien gemessen werden. Entsprechend können sie für diese Betreuungsarbeit entlohnt oder am Umsatz oder Gewinn beteiligt werden. Schließlich können Einzelne zunehmend für ganze Bereiche unternehmerische Verantwortung übernehmen und dementsprechend vom unternehmerischen Erfolg bis hin zu einer Eigentumsbeteiligung profitieren.

1.5 Das eine tun und das andere nicht lassen

Bislang wurden mehrere Perspektiven voneinander unterschieden und als Phasen hintereinander dargestellt. Doch die Übergänge sind fließend. Die Phasen können durchaus in anderer Reihenfolge angeordnet sein.

Interessant verlief dies bei einem Kollegen. Von zu Hause aus wohlhabend, versuchte er sich zunächst als Investor, geriet jedoch mehr ins unglückliche Spekulieren. Als Ausweg versuchte er, selbst ein Business als Unternehmer aufzuziehen. Mangels Erfahrung und Glück scheiterte auch dies. Erst dann besann er sich darauf, sich in einem Fachgebiet persönlich tiefgründig zu qualifizieren und damit freiberuflich tätig zu werden. Parallel dazu investierte er Kraft und Können in entsprechende Verbände und Netzwerke und lernte mehr und mehr zu unterscheiden, wie, wo und mit wem sich Unternehmertum und Ko-Investorentum lohnte. Als dies glückte, begab er sich – aufbauend auf seine Freiberuflichkeit – erneut auf den Entwicklungsweg zum Unternehmer. Erfolge halfen, frühere Frustrationen hinter sich zu lassen und sich ein Standing als Unternehmer zu erwerben. Beseelt von diesem neuen Selbstverständnis und einer weiterhin gefühlten Berufung, entwickelte er neue Investorenideen, wie er mit den ihm zur Verfügung stehenden Ressourcen segensreich wirken könnte.

1.6 Übergangsprobleme

Kompetenz in einer der hier beschriebenen Dimensionen bedeutet nicht automatisch Kompetenz in einer der anderen. So sind Beispiele bekannt von kreativen und am Markt erfolgreichen Freiberuflern, die den Wandel zum Unternehmer nicht befriedigend vollzogen haben. Das kann verschiedene Ursachen haben, z. B., dass der Sprung in die notwendige neue Ausdifferenzierung von Rollen, Strukturen, Befugnissen und Verantwortlichkeiten nicht als notwendig begriffen wurde oder nicht gelungen ist. Zwar versuchen Freiberufler immer wieder, an der Delegation von überschüssigen Aufträgen mitzuverdienen, doch bleibt das oft unbefriedigend und der Übergang zum Unternehmertum in Ansätzen stecken. Wenn keine unternehmerische Mehrleistung dazukommt, können kaum eine höherwertige Marke gebildet und Kunden an diese Marke gebunden werden. Unternehmerische Mehrleistung muss erkennbar sein und von Partnern anerkannt werden. Freiberuflich Mitarbeitende werden auf Dauer nicht bereit sein, ohne erkennbare Gegenleistung von dem erwirtschafteten Honorar abzugeben. Sie werden eher Möglichkeiten suchen, Kunden auf eigene Rechnung zu bedienen. Kunden sind nur dann bereit, Paket-Preise zu bezahlen, wenn sie den dadurch erlangten Mehrwert erkennen. Wenn nicht genügend unternehmerische Leistung entwickelt und geboten wird, wird kein stabiles Unternehmereinkommen zu erlangen sein.

Der Übergang in eine unternehmerische Struktur lohnt oft nicht wirklich. Darüber, wie weit gesprungen werden muss, sollten sich Freiberufler, die ihren Markterfolg unternehmerisch nutzen wollen, im Klaren sein. Sonst besteht die Gefahr, in einer „halbgaren" Entwicklung, letztlich ohne Mehrwert hängen zu bleiben.

Gelegentlich wäre der Übergang zum Unternehmertum durchaus möglich, doch fehlt die Entschlossenheit des Freiberuflers in die Unternehmerrolle zu wechseln. Dies liegt manchmal daran, dass seine Lust, den Kunden persönlich zu beliefern, selbst auf der Lieferbühne zu agieren, vorrangig ist. Oder Führungs- und Entwicklungsverantwortung im eigenen Unternehmen wird als Notwendigkeit nicht erkannt oder gescheut. Manche versuchen, beide Identitäten zu bedienen und jonglieren auch bei Erfolg ständig damit. Doch besteht die Gefahr, sich zu erschöpfen, weil die eigene Kraft für beides schlicht nicht ausreicht. Die Hoffnung, die Unternehmerfunktionen delegieren und dennoch alle Chancen als Freiberufler nutzen zu können, weicht meist bald einer Ernüchterung, weil Unternehmer-Funktionen und -Verantwortung erst gründlich aufgebaut werden müssen, bevor sie partiell delegiert werden können.

Übergangsprobleme kann es auch beim Wechsel in die Investorenrolle geben. Zwar stehen öfter die Ressourcen dafür, sich in eine Investorenrolle zurückzuziehen, zur Verfügung, doch fehlen oft realistische Vorstellungen, wieviel Übergangsarbeit dafür notwendig ist. Und oft bleibt das Bedürfnis, unternehmerisch alles selbst unter Kontrolle zu behalten, übermächtig, um andere zu positionieren und selbst loslassen zu können. Nicht jeder, der Unternehmer kann, hat die Urteilskraft und das Beziehungsverhalten, um die unternehmerische Funktion rechtzeitig in die richtigen Hände zu legen und danach aus der Investorenrolle im Hintergrund zu agieren.

Angestellte, Freiberufler, Unternehmer und Investor: Es ist möglich, ein Portfolio aus mehreren dieser Dimensionen gut zu bedienen, wenn man sie gut zu unterscheiden und die Passung mit der eigenen Persönlichkeit und Lebensentwicklung richtig einzuschätzen weiß. Viele gehen diese Übergänge halbherzig, zu spät oder ohne die notwendige Investition von Zeit und Geld, Aufmerksamkeit und Spielraum für Fehlversuche und Lernschritte an. Dann kann es zwischen den Stühlen unbehaglich werden.

1.7 Fazit

Diese Ausführungen sollen helfen, die unterschiedlichen Rollenlogiken und dafür entscheidenden Kontexte und Horizonte unterscheiden zu können. Man braucht Talent und Lernfähigkeit in allen Dimensionen, Flexibilität in den Identitäten und ein Gefühl für das richtige Timing im Leben und für die Gestaltung der Übergänge.

Der Autor genießt es, 77-jährig, nach Jahren der Übergangsarbeit halb als Ruheständler zu leben und halb als Investor in vielen Bereichen der Entwicklung der nachfolgenden Generation und der gesellschaftlichen Entwicklung zu dienen, solange er Lust hat und die Kraft reicht.

2. Professionalität, Produkte und Märkte[3]

„Professionalität ist wie der Charakter einer Musik: Er bleibt, auch wenn die Melodie und die Instrumente wechseln" (Schmid, 1998).

Berater sind oftmals Einzelkämpfer. Die Art, wie sie ihre professionellen Rollen bekleiden, ist nicht selten stark mit der eigenen Person und individuellen Eigenschaften verknüpft. Um stabilen Erfolg als Unternehmer zu haben, sollten sie sich intensiv mit Unternehmensthemen befassen, die über solche persönlichen Perspektiven hinausreichen, wie z. B. Märkte, Mitarbeitersteuerung, Produkt- und Marken-Entwicklung. Dies gilt umso mehr, je stärker sich ein Coach vom Freiberufler weg und hin zum Unternehmer mit eigener Dienstleistungspalette entwickelt.

2.1 Professionalität

Professionalität ist mehr als handwerkliches Können im Beruf. Die „Beheimatung" in einem Beruf und in Berufsfeldern kommt hinzu. Professionelle Identität ist so komplex wie Persönlichkeit. Am Ende ist jeder ein Unikat mit eigenen Varianten und unverwechselbaren Merkmalen, die gar nicht so leicht auf den Begriff zu bringen sind. Und doch gibt es auch den Typus, der sich in jeweilige Gesellschaftsfelder eingefügt und dem Zeitgeist

---

[3] Anhang Literatur: Coaching-Magazin Online, 28.05.2021

unterworfen bleibt. Für Professionalität und die Identität als Professional ist die Reduktion auf eine bestimmte Schule, auf bestimmte Inhalte, Methoden oder Settings zu eng (Schmid & Gérard, 2012). Hier muss sich jeder auf den oft unübersichtlichen Weg der Selbstfindung machen.

Professionalisierung bedeutet demnach zum einen, ein Handwerk zu erlernen, also Fertigkeiten zu erwerben bezogen auf Inhalte, Methoden, Themen und Kunden, sowie das Sich-vertraut-Machen mit Rollen, den Wirklichkeitsorientierungen und den Lebensvollzügen in einem Berufsfeld sowie mit den Gebräuchen der Gemeinschaften und Märkte. Zum anderen geht es aber auch darum, sich immer wieder sehr individuelle Fragen zu stellen:

- Was treibt mich an? Wofür stehe ich morgens gerne auf?
- In welchen Umgebungen, auf welchen Bühnen und in welchen Rollen fühle ich mich richtig?
- Was liegt mir besonders? Wozu ziehen mich andere gerne heran?
- Zu welchem persönlich-professionellen und unternehmerischen Stil passe ich?
- Welches sind entscheidende Ergänzungen und komplementäre Partner für mich?
- Coaches sind Zehnkämpfer: Als welche Kombination von herkömmlichen Disziplinen sehe ich meine eigene Expertise?

- Wie bette ich mich in das fachliche Feld und in den Markt ein?
- Was bedeutet für mich Selbstverwirklichung im Beruf?
- Wovon träume ich in meinen kühnen Momenten?
- Welche Bilder von Menschen im Beruf haben sich in mir verfangen? Inwiefern orientiere ich mich an solchen Bildern im Guten wie im Schwierigen?
- In welcher persönlichen Biografie, in welcher Familiengeschichte und in welcher Zukunftsvorstellung sind meine Berufsvorstellungen verankert?
- In welche Lebensentwicklung soll meine Arbeit eingebettet sein?
- Welche ist meine bevorzugte Perspektive beim Blick aufs Ganze?

Dies sind schon recht differenzierte Fragen. Wenn man noch wenig über sich reflektiert hat, noch wenig über einen Beruf und das Berufsfeld weiß, müssen Antworten auf solche Fragen zunächst undifferenziert ausfallen. Dennoch gibt es manchmal intuitive Antworten, die richtungsweisend sein können. Ein Beispiel dafür aus der Biografie des Autors: Vor fast 50 Jahren wurde uns Studenten auf einem gruppendynamischen Seminar eine Amerikanerin als „Konsultantin" vorgestellt. Ich wusste nicht, was das war, aber sehr wohl sofort, dass ich das werden will.

Sich selbst differenzierter verstehen kann man nur, wenn sich allmählich ein dafür geeignetes Verstehensfeld entwickelt. Dabei helfen Begegnungen mit

Weggefährten, mit solchen, die vorausgehen und als Rollenmodelle dienen, und anderen, die auf ähnlicher Suche sind, mit denen man zusammen lernen und arbeiten kann. Für die Bestimmung der eigenen Professionalität sind darauf fokussierte Spiegelungsübungen besonders hilfreich, weil man bei der Selbstreflexion meist eine Ergänzung des eigenen Verstehensfeldes um andere Perspektiven braucht. Für Spiegelungsübungen bezüglich eines professionellen Profils hat es sich – neben freien Assoziationen – bewährt, Beziehungsperspektiven vorzugeben. Also wird A z.B. von B als Kollege, von C als Auftraggeber, von D als interner Kooperationspartner und von E als Zielperson der Maßnahme gespiegelt. Dadurch werden die entscheidenden Umwelten erfasst, deren Resonanzen letztlich erfolgsentscheidend sind. Die anderen Player im Feld haben oft ein besseres Gespür als man selbst, worin der besondere Beitrag eines Professionals bestehen könnte. Und ganz praktisch hängt es von solchen Einschätzungen ab, ob man im entscheidenden Moment genannt wird und Chancen erhält. Damit vertrauensvolle Dialoge über Professionalität mit den anderen Playern im Feld gelingen, ist es gut, sich in einer dafür geeigneten Gesprächskultur zu üben.

Hinzu kommt, dass man eigene positive Besonderheiten zunächst nicht erkennt oder angemessen bewertet, weil sie einem zu selbstverständlich sind. Ich bin z. B. davon ausgegangen, dass jeder konzeptionell kreativ, an sinnvollen Hintergründen interessiert, in der Einordnung der Dinge und in ökonomischen Abwägungen klar, im Vorgehen entschieden und in der Beziehung zuverlässig ist. Ich kannte das nicht anders und war zunächst enttäuscht bis empört, wenn andere es hier mangeln ließen bzw. wenn ich ihnen zu viel zugetraut und wiederholte Verdeutlichung sowie kontinuierliche Unterstützung als unnötig angesehen hatte. Erst durch erlebte Kontraste erkannte ich in diesen Eigenschaften eigene herausragende Merkmale und ihren Wert. Ich lernte, mein eigenes Profil von anderen zu unterscheiden, ein wesentlicher Schritt zu mehr Selbstbewusstsein, zur angemessenen Beurteilung anderer Profile und zum Platzieren meiner Besonderheiten in Kooperationen.

2.2 Produkte und Programme

Gelingt es zunehmend, irgendwie mit der persönlichen Professionalität wahrgenommen und nachgefragt zu werden, ist schon ein Einstieg in die Freiberuflichkeit geschafft. Man stellt sich zunächst marktorientiert auf und lässt sich bei Nachfragern und Kooperationspartnern auf das ein, was als Fragestellung eben auftaucht und womit man beauftragt werden soll. Eine interessante Lernphase, in der man aber auch unbefriedigende Erfahrungen machen kann. Kann man selbst die Art und Größe der Aufgabe schlecht einschätzen, gerät man leicht in ungeeignete Rollen oder Felder, irrt sich schnell bezüglich Umfang, Zeitrahmen, Flughöhe und notwendigen Voraussetzungen beim Kunden. Insofern kann man auch an wohlgemeinte, aber illusorische Auftragsvorstellungen geraten und kommt in die Gefahr, originäre interne Rollen und Verantwortlichkeiten ersatzweise zu übernehmen oder gar für Alibi-Funktionen benutzt zu werden.

Als Gegenmittel helfen persönliche Erfahrung und wachsende Umsicht. Doch mit der Zeit kommt man auch dazu, eigene Produkte und ein Programm, was man mit wem unter welchen Voraussetzungen wie macht, zu entwickeln. Denn man lernt einerseits selbst besser zu verstehen und kann zunehmend unerfahrenen Nachfragern klar machen, was es braucht, damit für den Kunden wirklich ein Nutzen entsteht. Andererseits entwickelt man programmatische Vorstellungen, wofür man stehen will und mit welcher Dienstleistungslogik man sich auf dem Markt anbietet.

Es macht z. B. einen Unterschied, ob man Team- und Führungsprobleme durch Einzel-Coaching der Beteiligten angeht oder ob man Settings schafft und Lernen organisiert zwischen denen, die konkret im Team zusammenwirken oder das Funktionieren ihrer Führungsbeziehung untereinander auszuhandeln haben. Häufig werden z. B. Coaches von Seiten der Führung dann gerufen, wenn die Geführten nicht so funktionieren, wie sich die Führungskraft das vorstellt. Oft sind solche Fragestellungen noch eingebettet in komplexere Wirkungszusammenhänge in der Organisation und einer Führungskette. Dabei kann sich herausstellen, dass ein Coaching der Geführten keine wirkliche Chance bietet und daher erst Maßnahmen bezüglich der größeren Zusammenhänge ergriffen werden müssen.

Auch ist zu überlegen, ob man nicht lieber der Führungskraft ein Führungs-Coaching anbietet und sie in der Führungsverantwortung herausfordert. Wenn Nachholbedarf bei den Führungskräften akzeptiert wird, kommt der Coaching-Effekt dem Unternehmen in vielleicht vielen Führungsbeziehungen über längere Zeit zugute – vor allem dann, wenn die Entwicklung der Führungsbeziehungen im Team selbst erfolgt und dadurch Lerneffekte bei allen im Team entstehen. Viele Folgefragen können dann künftig im Team selbst gelöst und die notwendigen Klärungs- und Lernprozesse in Eigenregie gestaltet werden.

Entscheidet sich der Freiberufler, in Richtung solcher System-Lerneffekte zu gehen, muss er sich anders aufstellen, als er es müsste, würde er sich auf Einzel-Coachings einlassen. Dies hat auch Konsequenzen für die eigene Arbeitsorganisation – dafür, wen man im Kundenunternehmen als entscheidenden Auftraggeber ansieht und was mit diesem zu verhandeln ist. Es hat Auswirkung auf die Preisgestaltung, die Wahl eventueller Kooperationspartner und die Reifegrade der Beteiligten in einem bestimmten Marktsegment. Schritte in eine solche Entwicklung sind insbesondere wichtig, wenn Freiberuflichkeit vielleicht in späteres Unternehmertum münden soll. Damit schafft man die Basis für ein Produktprogramm und eine Marke, die irgendwann ihr eigenes Kraftfeld entwickelt und unter der sich andere Dienstleister versammeln. Kunden wie Partner können daran ihre impliziten Programmvorstellungen reflektieren, Implizites explizit machen und Programmatiken auf Passung prüfen. Die folgende Abbildung veranschaulicht, dass der Nutzen von Coaching für Organisationen auch davon abhängt, ob die Programme, wie Coaching angegangen werden soll, zusammenpassen.

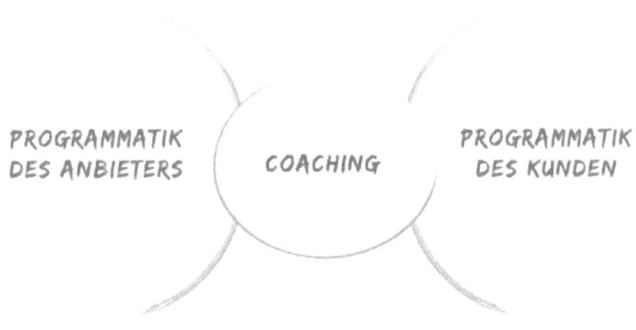

Abb.: Coaching in der Begegnung von Programmatiken

Ob das Vertrauen in einen Dienstleister gerechtfertigt ist, hat neben einzelnen überzeugenden Produkten und überzeugenden Persönlichkeiten mit einem überzeugenden Produktprogramm und dessen nachhaltiger Bereitstellung zu tun.

2.3 Perspektive Markt

Ein erfahrener Kollege gab mir als Anfänger mit auf den Weg: „Neue Produkte auf etablierten Märkten sind schwierig wie auch etablierte Produkte auf neuen Märkten. Fast unmöglich sind jedoch neue Produkte auf neuen Märkten." So räumte er mit meiner Vorstellung auf, dass unerschlossene Märkte und völlig neue Produkte besondere Marktchancen versprechen. Doch wie und wo positionieren? Setzt man, wie tausend andere, auf Modethemen und das übliche Marketing, so ist damit meist nur wenig umzusetzen. Es wird noch schwieriger eine eigene Marke aufzubauen oder einen eigenen

Markt zu erschließen. Andererseits sind neue Themen oft begeisternd und die Identifikation mit ihnen ist verständlich, besonders wenn man fürchtet, sonst ewig mit dem üblichen Bauchladen unterwegs zu sein. Doch hat man dafür kompetente und innovative Kunden oder Kunden, die gerne bequem einkaufen und anspruchsvolle Produkte eher scheuen? Will man eine Marke aufbauen, dann muss man frühzeitig Themen am Horizont und erwachende Märkte entwickeln. Oft greifen Ideen, wie Markenerfolg am Markt zu erreichen ist, zu kurz.

Die Herausforderung, sich in einem Markt zu etablieren und zu einer Marke zu werden, wird oft unterschätzt. Nachfrage-Gewohnheiten müssen sich erst entwickeln und man muss Wege finden, in den Nachfrage-Routinen berücksichtigt zu werden. In vielen gesellschaftlichen Feldern mag man zwar selbst einen Bedarf sehen, dennoch kann das Interesse an konkreter Nachfrage fehlen. Oder man bekommt immerhin schon Schulterklopfen für Angebotsideen. Ob das für konkrete Nachfrage entscheidend ist, ist eine ganz andere Frage. Auch könnten interne Fachleute und Auftraggeber ein Produkt oder eine Vorgehensweise durchaus interessant finden, aber zugleich bemerken, dass beim Reifegrad ihrer Organisation dafür mehr zu investieren wäre, als sie leisten können oder mögen.

Timing

Oft sind Ideen und Adressaten richtig, doch ist die Zeit nicht reif. Auch wer zu früh kommt, den bestraft die Geschichte. Man muss lernen, was wann wie entwickelt werden muss, damit es in Anfängen schon platziert werden oder liegengelassen werden kann, bis die Zeit reif ist. „Der Samen der besseren Ideen muss oft lange auf den Pflug des Umbruchs warten." (Schmid, 1998). Je mehr ein Konzept dem Mainstream voraus ist, desto länger muss es auf seine Stunde warten. Einige meiner Konzepte dümpelten 10 bis 20 Jahre, bis sie richtig Rückenwind bekamen. Man sollte so wirtschaften, dass man mit neuen Produkten und in neuen Märkten nicht auf schnellen Erfolg angewiesen ist. Auch chancenreiche Vorhaben brauchen oft jahrelange Anlaufzeiten und mehrere Relaunches. Wenn wegen des Ausbleibens von schnellem Erfolg ständig umgemodelt wird, ohne dass Dinge ausreifen und sich herumsprechen können, ist das, als würden bald nach der Saat der Acker neu gepflügt und Pflanzversuche früh abgebrochen werden, weil sie nicht gleich wie erwartet gedeihen oder Ertrag bringen.

Produktidee und Marktauftritt

Viele arbeiten zunächst im Rahmen ihres früheren Arbeitgebers nach dessen Logik als „semi-externe" Freiberufler. Andere entwickeln sich als Mitarbeiter eines etablierten Dienstleistungsunternehmens, das bereits mit Produkt- und Programmentwicklung sowie Markterschließung erfolgreich war. Dabei verkennen sie vielleicht die Bedeutung der unternehmerischen Vorleistungen und Rahmenpflege für ihre Arbeit. Manche glauben, dies auch selbst nebenbei leisten zu können, indem sie eigene Themen und Programme entwickeln und damit an den Markt gehen. Und es gibt welche, die tatsächlich erfolgreich sind, doch ist das nicht die Regel. Von interessanten Themen und spannenden Programmideen zum Markterfolg kann der Weg lang sein.

Wenn man keine deutliche Vorstellung von Marktpositionierung hat, kann man Kollegen und potenzielle Kunden einladen, um diese gemeinsam zu erkunden. Was braucht der Markt, und welche der angestrebten Themen, Produkte und Programme könnten angenommen werden? Wen muss man dabei erreichen, und wie bekommt man Zugang zu Beurteilern und Entscheidern? Auch kann als Einschätzungshilfe ein Initiativ-Team zusammengestellt werden, Leute, mit denen man gerne zusammenarbeiten möchte (Kollegenperspektive), oder solche, die den Markt kennen (Marketingperspektive) oder die Zugänge zu Schlüsselkunden eröffnen sollen (Vertriebsperspektive).

2.4 Perspektive Dienstleistungsunternehmen

Abschließend die Frage, wozu man als Freiberufler Begriffe wie Markt und Produkt überhaupt braucht. Man muss sie nicht benutzen, jedoch müssen die Fragen, die damit aufgeworfen werden – wenn auch oft intuitiv – in der einen oder anderen Weise implizit beantwortet werden. Wer allein auf seine persönliche Wirkung setzt, braucht solche Begriffe dennoch in der Arbeit mit dem Kunden, weil in Unternehmen so gesprochen wird.

Je mehr etwas über die persönliche und situative Wirkung hinaus und ein Dienstleistungsangebot für ein ganzes Unternehmen entwickelt werden soll, umso mehr müssen Persönlichkeitsleistungen multiplizierbar gemacht werden. Insgesamt bewegen sich Nachfrager, zumindest im Bereich der größeren Unternehmen, in diese Richtung. Das heißt, die zu vereinbarende Dienstleistung muss von Eigenarten des persönlichen Lieferanten unabhängig beschrieben werden können, auch wenn sich in den Produkten und Programmen die Handschrift der Gründer zeigt. Die konkreten Ausführungen werden sich im persönlichen Stil unterscheiden, in den Haltungen, Inhalten und Vorgehensweisen aber ihren Charakter behalten, wenn die Lieferanten ausgetauscht werden. Dafür müssen Produkt und Programm lieferantenunabhängig definiert werden können und gleichzeitig durchlässig sein für die Spezialitäten der Lieferanten und ihrer persönlichen Stile. Marke, Produkte und Programme sollten mehr einem Dienstleistungsunternehmen zugerechnet werden können als einer Person. Sie müssen bezüglich Herkunft, Qualität und stabiler Verfügbarkeit einen Eigenwert haben, der es opportun erscheinen lässt, die Treue zu diesem Dienstleistungsunternehmen zu halten. Sonst ist für den Kunden keine Liefersicherheit gegeben, oder es dauert nicht lange, bis die persönlichen Lieferanten und die Kunden versuchen, diese Geschäfte untereinander zu machen. Dies kann durch rechtliche Absicherung kaum verhindert werden und wäre auch nicht gerecht, wenn keine echte unternehmerische Leistung mehr zu vergüten wäre. Solche Überlegungen werden im nächsten Kapitel fortgesetzt werden.

2.5 Fazit

Oft entwickelt sich die Tätigkeit als Dienstleister zunächst ganz aus der persönlichen Eigenart im Ausfüllen einer professionellen Rolle. Um damit unternehmerisch stabil erfolgreich zu sein, sollte man sich mit Fragen der Produktentwicklung, der Märkte und des Unternehmertums auseinandersetzen. Selbst wenn am Ende die eigene Person als Dienstleister im Vordergrund bleibt, bereitet diese Klärung den Boden für einen guten Umgang mit entsprechenden Fragen der Kunden.

3. Partnerschaften und Unternehmensgründung[4]

Aus welchen Gründen werden berufliche Partnerschaften, z. B. im Coaching oder der Organisationsberatung, eingegangen? Sympathie der Akteure füreinander oder ein gemeinsames Professionsverständnis mögen oft eine Rolle spielen, ebenso sachliche Erwägungen. Partnerschaften sollten jedoch nicht leichtfertig eingegangen, sondern von vornherein hinsichtlich ihrer langfristigen Tragfähigkeit reflektiert werden, um dem Entstehen eines unternehmerischen Ungleichgewichtes, mangelhafter Effektivität und zwischenmenschlicher Enttäuschungen vorzubeugen.

Oft enden berufliche und unternehmerische Beziehungen im Zerwürfnis, weil implizite Rechnungen nicht aufgehen und man sich das gegenseitig anlastet. Hier durfte der Autor oft als Coach behilflich sein, Beziehungen und ihre Entwicklung aufzuarbeiten, sie, wenn möglich, neu zu justieren oder den Partnern eine gute Trennung und Neuorientierung zu ermöglichen. Vieles meint man dann, eigentlich von Anfang an gewusst haben zu können. Manchmal zeigen sich Unverträglichkeiten im Wirklichkeits- und Lebensplanentwurf auch erst in späteren Stadien langer, befriedigender und erfolgreicher Beziehungen. Dann gilt es, nicht die ganze Beziehungszeit rückwirkend infrage zu stellen, sondern die Verhältnisse für die weitere Zeit neu zu gestalten, möglichst ohne das,

---

[4] Anhang Literatur: Coaching-Magazin Online, 24.06.2021

was gut war und bleiben kann, mit den Enttäuschungen zu entwerten. Je früher dies geschieht, desto größer sind die Chancen, irreparable Beziehungsschäden zu vermeiden.

Parallelen zu Privatpartnerschaften liegen auf der Hand. Wer ist sich schon bei einer Heirat über die Faktoren im Klaren, von denen lebenslange Zufriedenheit in der Partnerschaft abhängt? Das Leben bleibt ein Abenteuer. Dennoch kann bewussteres Durchdenken und Gestalten von Partnerschaften lehrreich sein.

Im Folgenden werden anhand von Beispielen aus dem Coaching und eigenen Erfahrungen als Partner und Unternehmer Fragen aufgeworfen, die implizit für das Schicksal der Beziehungen entscheidend sind, auch wenn sie explizit selten in größerem Umfang gestellt werden.

3.1 Verliebtheit

Komm, wir machen was zusammen! So fangen viele Partnerschaften an. Man ist sich sympathisch. Man tickt irgendwie gleich oder die andere kann was, was einem selbst fehlt. Der andere ist ein toller Typ, tut einem gut, kommt in den eigenen Kreisen gut an. Er sieht, was in einem selbst steckt und wird wohl helfen, das zur Geltung zu bringen. Man sieht Potentiale, hofft auf Synergien, wenn man zusammenlegt. Zusammen meint man leichter an die Umsetzung gehen zu können. So viele kreative Ideen bleiben sonst Gedankenspiele. Oder es läuft gut, aber man könnte die Chancen gemeinsam noch besser nutzen, mehr aus sich zu machen und eine nächste Karrierestufe anzugehen.

So oder ähnlich wird sich die Ausgangssituation für manche Kooperation oder Partnerschaft umschreiben lassen. Da sind Aufgeschlossenheit und Bereitschaft, sich in ein größeres Ganzes einzubringen und sich gemeinsam an Größeres zu wagen. Hineingemischt sind vielleicht auch Sehnsüchte, von denen fraglich ist, ob sie in diese Partnerschaft passen, ob sie überhaupt im Berufsfeld befriedigt werden können.

Häufig stehen, wie im Privatleben auch, Illusionen Pate, die Aufbruchsenergie und Bindungsbereitschaft erzeugen, die aber auf der Strecke dann zu Enttäuschungen und Misserfolg der Beziehung führen können. Jedem Anfang wohnt ein Zauber inne. Aber jeder weiß auch, wie leicht dieser Zauber durch unerkannt problematische Konstellationen verfliegen kann und Beziehungen notleiden (vgl. Schmid, 2020).

3.2 Fragen an Partnerschaften

An einem fiktiven Beispiel sollen zunächst typische Fragen benannt werden, mit denen man idealerweise von Anfang an umgehen sollte. Das Beispiel von Walter, Anna und Fin:

Walter ist Freiberufler, ein erfahrener Lehrer und Berater. Ein Ich-Es-Typ (Schmid & Jokisch, 1998), eher introvertiert, würde gerne mehr konzeptionell arbeiten, weniger kontaktintensiv. Er ist mit eigenen, sehr individuellen Seminaren erfolgreich, doch eher überlastet und würde gerne weniger selbst machen, mehr Unternehmereinkommen beziehen.

Walter hat schon zwei Kollegen, die freiberuflich für ihn arbeiten, keine großen Kontingente, spezifische Projekte, die immer wieder neu aufgesetzt werden müssen. Letztlich entlastet ihn das nur wenig und bringt auch finanziell nicht viel, weil er bei kleinen Umsätzen als Spanne nur ca. 20 Prozent behält. Er sucht Entlastung in Bereichen wie Kontaktpflege und Marketing, will mehr durch Konzipieren verdienen und insgesamt durch Unternehmereinkommen bessergestellt sein. Er hat im Duo mit Anna erfreuliche Zusammenarbeit erlebt.

Anna ist Interne beim Hauptkunden von Walter. Sie ist mit kaufmännischer Grundqualifikation im Personalwesen erfahren. Sie möchte sich gerne selbständig machen, damit sie ein freieres Leben führen kann. Gleichzeitig ist sie eher risikoscheu. Sie kann zumindest im Konzern gut kontakten, ist ein Ich-Du-Typ (Schmid & Jokisch, 1998), der in einer neuen Berufspartnerschaft auch „Familienanschluss" sucht. Sie hat keine eigenen Produkte oder Aufträge außerhalb ihres Arbeitgebers. Sie ist von der Zusammenarbeit mit Walter beglückt, der sie mit seinen menschen- und sinnorientierten Seminaren beeindruckt.

Fin ist ein quirliger Kaufmann, hat tausend Ideen und kann damit beeindrucken. Dementsprechend ist er im Marketing tätig und dort auch erfolgreich. Auch er ist ein Ich-Du-Typ und möchte gerne selbständig arbeiten, sinnvollere Produkte vermarkten, interessantere Marktpartner treffen und noch besser verdienen.

Er selbst hat keine marktreifen Produkte oder eigene Kunden für freiberufliches Engagement.

Weder Anna noch Fin haben Erfahrung als Freiberufler oder Unternehmer, sie sind eher gewohnt, dass ihnen ihr Arbeitsfeld und großzügige Ausstattung gestellt werden, verdienen bislang komfortabel und erwarten von einer unternehmerischen Partnerschaft auch positive Karriereeffekte. Die drei überlegen, ob sie sich zu einer Freiberufler-Partnerschaft zusammenfinden, vielleicht ein gemeinsames Unternehmen mit gleichen Gesellschaftsanteilen, Rechten und Pflichten gründen sollten.

Lohnt sich eine Partnerschaft für die Beteiligten? Wenn ja, in welcher Form? Hierzu einige beispielhafte Fragen:

1. Persönliche Konstellationen: Bringen die persönlichen Ergänzungen genug und mehr als sie Ankoppelungsenergie kosten?

2. Berufliche Ergänzung: Haben alle drei etwas einzubringen, was durch Mitunternehmertum gesichert werden sollte? Wo täten es eine Anstellung oder freiberufliche Beauftragung genauso?

3. Eigentumsbeteiligung: Wird Unternehmertum durch einen Zusammenschluss gestärkt? Worauf würde Miteigentum begründet werden? Werden Miteigner zur Risikoabsicherung gebraucht,

und rechtfertigt dies später dauerhafte Gewinn-beteiligung?

4. Was können alle drei zusammen besser, was Walter allein oder mit seinen Mitarbeitern nicht kann? Wer würde bezüglich welcher Unternehmerfunktionen welche Rollen übernehmen? Wer trägt in Eigenregie die unternehmerische Verantwortung?

5. Welche Produkte und Leistungen sollen Umsatzträger sein? Wer kann sie zur Befriedigung der Kunden dauerhaft liefern? Wer sichert dauerhafte Lieferfähigkeit? Wer erschließt neue Märkte?

6. Welche Produkte sind marktgeeignet? Welche Produkte sollen weiterentwickelt und zur Serienreife gebracht werden? Wer kann das umsetzen und ist nachhaltig dafür motiviert?

7. Entsteht ein Mehrwert in Bezug auf Umsatz und Gewinn? Wo? Für wen? Gibt es eine plausible Strategie, den notwendigen Markt zu erschließen und dann auch nachhaltig zu beliefern? Wer will und kann das tun?

8. Welches Geschäftsmodell soll entwickelt werden? Worauf hin sollen Strukturen angelegt werden?

9. Führt das Modell zu Unternehmereinkommen für die, die Mehrwert generieren? Würde das auch bei Vervielfachung als gerecht empfunden werden?

10. Hat Walter die Chance auf Entlastung? Ist Miteigentum die passende Art der Beteiligung? Wohin entwickelt sich das Modell in 50 Jahren?

Idealerweise müsste man sich über solche Fragen einigermaßen klar werden, bevor eine Partnerschaft bzw. ein gemeinsames Unternehmen begründet werden. Das geschieht im wirklichen Leben selten. Aber die Beteiligten sollten sich die entscheidenden Fragen vor einer näheren Bindung vor Augen führen und sich darauf einstellen, dass sie diese irgendwie werden beantworten müssen. Unglücklicherweise werden Versäumnisse hier häufig mit verstärkten Bindungswillen kompensiert. Dies kann funktionieren. Aber unzählige Misserfolge und zerbrochene Beziehungen erzählen eben auch vom Scheitern. Das Problem ist vielfach, dass – bei gefühlt plausibler Gleichberechtigung heute – später Schieflagen entstehen, die oft nicht korrigiert werden können, weil dies zur Aufgabe ungerechtfertigter Privilegien führen müsste.

Ob sich nun im vorliegenden Beispiel eine Partnerschaft lohnt, hängt davon ab, wie die Fragen beantwortet werden. Insofern müssen bei einer Diskussion Annahmen getroffen und Schlussfolgerungen daraus abgeleitet werden. Damit eine Partnerschaft gelingen kann, müssten zu kritischen Punkten wesentliche Entwicklungen bei den Beteiligten und in der Unternehmenskonstellation von vornherein ins Auge gefasst und entsprechende Verabredungen getroffen werden. Genau dazu können das Beispiel und die Fragen anregen.

3.3 Partnerwahl und Rollenklärung

Hierzu ein reales Beispiel aus der Coaching-Praxis des Autors:

Zwei befreundete Frauen gründeten eine Weiterbildungseinrichtung als gleichberechtigte Personengesellschaft, weil sie mit guter Resonanz gemeinsam Kurse geleitet hatten. Die Schule entwickelte sich gut und machte zunehmend die Einbeziehung von Lehrbeauftragten und das Betreiben der wachsenden Organisation und das Beziehungsmanagement mit anderen Organisationen und Partnern erforderlich. Während die eine Gesellschafterin sich entsprechend umstellte und zunehmend Unternehmerinnen-Rollen zusätzlich übernahm, widmete sich die andere im Wesentlichen dem Ausbau ihrer Lehrtätigkeit. Unternehmertum war nicht ihre Sache. Dennoch hielten sie das Modell gleichberechtigter unternehmerischer Partnerschaft aufrecht. Dies führte zu Schieflagen bezüglich Entscheidungsbefugnissen, Einkommensverteilungen und Arbeitsbelastungen. Erst ein Burnout der unternehmerisch aktiveren Partnerin und ein bis nahe an eine Trennung eskalierender Beziehungskonflikt machten es möglich, die Gesellschaftsanteile und Einkommensverteilung neu zu regeln, sodass neue Strukturen und Prozesse wie z. B. eine angemessene Geschäftsführung etabliert werden konnten.

Bei der Geschäftspartnerwahl stehen oft Sympathien, Haltungen, persönliche Kompetenzen und Lebensstile im Vordergrund. Das ist unter dem Gesichtspunkt „harmonische Beziehung" auch wichtig. Doch vom Standpunkt einer beruflichen Partnerschaft und eines künftigen Unternehmens aus betrachtet, werden auch andere Gesichtspunkte wichtig:

1. Welche Talente, welches Engagement werden künftig insgesamt gebraucht?
2. Wenn man Nötiges nicht selbst hat, ist es in der Partnerschaft dann an Bord? Oder wie hat man sonst Zugriff darauf?
3. Entsteht durch die Verbindung eine Win-win-Situation, oder kosten die Etablierung und Pflege der Partnerschaft mehr als sie Mehrwert bringen?
4. Können sich die Partner das Risiko einer echten Probezeit leisten? Meist ist eine offene Version mit Probezeit gut, um die Passung zu prüfen und sich dann stärker zu binden oder sich, ohne zu große Enttäuschung, voneinander zurückzuziehen.
5. Wie fest kann/sollte man sich wann gegenseitig verpflichten? Wie soll mit Veränderungen bis hin zur Trennung umgegangen werden?
6. Ist geklärt, wer welche Rollen im Unternehmen übernimmt, insbesondere, wer Unternehmer, wer Partner gegen Honorar und wer Angestellter ohne Risiko- und Gewinnbeteiligung ist? Wie werden Korrekturen vorgenommen, wenn erste Definitionen nicht mehr stimmen?
7. Bei wem liegt welche unternehmerische Verantwortung? Diese bleibt bis zu Neuregelungen dort

erhalten, auch wenn Tätigkeiten delegiert werden sollen.

8. Wo liegen unternehmerische Risiken? Welche sind das? Wer kann und will diese tragen? Was bekommt er/sie dafür?

9. Finden die Partner beieinander Anerkennung und konkrete Unterstützung? Sympathie untereinander ist nicht alles.

10. Passen das Vorhaben und die Partnerschaft in die Lebensgefüge und Lebenspläne der Partner? Was, wenn Passung verloren geht?

Oft fehlen Zukunftsbilder für das Unternehmen und Bewusstheit dafür, wer was wann braucht. Ohne solche Ideen und angemessene Probezeiten geschieht es häufig, dass dann doch die Falschen auf der Bühne oder die Richtigen in falschen Rollen wiederzufinden sind. Das kann an Fehleinschätzungen bei Beginn oder an unerwarteten Entwicklungen liegen. Dann ist es meist delikat, Korrekturen in den Besetzungen vorzunehmen, ohne Schäden zu produzieren. Wer ist hier zu gültigen Beurteilungen und Entscheidungen autorisiert?

Diffuse Modelle von Gleichberechtigung bei Gründung und fehlende Interessen- und Machtklärungen produzieren im Nachhinein oft böses Blut. Es muss dabei nicht alles im Einzelnen konkretisiert sein, doch müssen Grundverständnisse geklärt und ein „psychologischer Kontrakt" geschlossen werden.

3.4 Form follows function

Form follows function: Diesen Spruch, der besagt, dass die Form einer wie auch immer gearteten Konstruktion ihrer spezifischen Funktion zu folgen hat, hat der Autor mal aufgeschnappt und darin seine intuitiv gewählte Strategie als Freiberufler wie als Unternehmer erkannt. Ebenso leuchtete ihm eine Erzählung ein, wie ein württembergischer Fürst zur Anlage der Wege in seinem neuen Schlosspark gekommen sein soll: *„Säht überall Rasen ein und beobachtet, wo die Menschen wirklich gehen. Dann entscheiden wir, wo wir die Wege bauen!"*

Viele, die Freiberuflichkeit oder Unternehmertum probieren wollen, versuchen zuerst, dafür Strukturen und Formen zu schaffen, in der Hoffnung, dass diese dann Funktion und Wirkung nach sich ziehen. Oft heißt das: erst ein Büro, Prospekte und Website – möglichst repräsentativ – bis hin zur eigenen Grafiklinie, Dienstwagen, IT-Ausstattung etc. Imagebildung, Zukunftsphantasien über Marktpositionen, Vertragsrahmen mit Partnern, Rechtsform des Unternehmens usw. sind die bestimmenden Themen. Zu oft kann man erleben, dass mit Entwicklungskraft zuerst Formen geschaffen werden, in der Hoffnung, dass diese eine Identität, eine Position im Markt und nachfolgend Geschäftserfolg und Prestige bringen würden. Ob hier verdeckte Einfallslosigkeit bezüglich der Inhalte, Irrtümer über Erwartungen, Unsicherheit über Nutzen und Substanz eigener Tätigkeiten oder Eitelkeit Pate stehen, ob dies sich „mausern" kann und in finanzkapitalgetriebenen Märkten gelegentlich erfolgreich sein kann, soll dahingestellt bleiben. Von

Misserfolgen berichten meist nur die, die dann doch noch die Kurve gekriegt haben. Zuerst Formen zu schaffen, dürfte aber meist dann nicht gut funktionieren, wenn Formen übermäßig dominieren und von konkreter Geschäftsentwicklung nicht getragen werden. Dies gilt zumindest im freiberuflichen Bereich bis hin zu mittelständigen Unternehmensformen. Selbst, wenn insgesamt genügend Erfolg zu verzeichnen ist, scheinen viele Freiberufler und Unternehmer übermäßig mit Neuarrangements ihrer Formen beschäftigt zu sein und damit Profitabilität und funktionale Entwicklung eher zu belasten.

Von der anderen Seite aufgezogen: Erst sollte man – mit möglichst wenig Form – neue Praxis üben und bei Bewährung zunächst Praxis- und Kulturselbstverständlichkeiten bilden, in die alle Beteiligten einbezogen werden. Erst dann sollte man, soweit nötig, formelle Konstruktionen so bilden, dass sie mit Entwicklungen mitwachsen können. Oft wird argumentiert, dass eine Gesellschaftsform wie die GmbH oder AG Risiken mindert und Eindruck macht, doch ist das dem Autor nie plausibel geworden. Gerade mit wenig „Apparat" und flexiblen, aber fairen Beziehungen, können die Risiken gering und die Entwicklung flexibel gehalten werden. Dass Kunden Wert auf Status und Stabilität der Lieferanten legen, kann bedeutend sein, wird aber durch eine Rechtsform nicht gewährleistet. Eine sich konkret entwickelnde Geschäftstätigkeit und eine gute Hand, Mitwirkende, Partner und Kunden an Bord zu holen, sind für Markterfolg und Markenbildung viel wichtiger. Es mag Verhältnisse geben, in denen mehr Form aus guten Gründen notwendig ist, doch sollte dies nicht mit fehlgewichteten Begründungen und aus uneingestandenen Motiven geschehen.

3.5 Nachfrage und Programm

Für den Autor erfolgte der Einstieg in die Freiberuflichkeit durch die zunehmend eigenständige unternehmerische Bewirtschaftung eigener Kompetenz und Arbeitskraft, durch Finden und Abstecken von Märkten. Hierbei galt es von Anfang an, einerseits eigene Produktideen und programmatische Positionen zu entwickeln und andererseits sich mit den Wünschen nachfragender Kunden zu arrangieren bzw. diese als Entwicklungsanreiz zu nehmen. Beides im Guten wie im Schwierigen. Aus der Begeisterung für gewünschte Innovation bildete sich allmählich eine Unternehmensphilosophie, die Anklang fand. Dennoch wurden auch Produktideen verfolgt, die zu idealistisch und aus einseitigen Perspektiven optimiert waren. Manche eilten dem Zeitgeist und konkreten Umsetzungen zu weit voraus und fanden deshalb keine nachhaltige Realisierung. Aufgrund tatsächlicher unsolider Nachfragen, kombiniert mit eigener Naivität und Opportunismus, wurden immer wieder Aufträge akzeptiert, deren Nutzen und Sinn aus Distanz betrachtet von vornherein fraglich waren. Auf der anderen Seite war das ganze Feld unerfahren, und so war immerhin für das Brot-und-Butter-Geschäft gesorgt, was den Spielraum für eigene Ideen erhielt. Einsteiger in freiberufliche Karrieren können auch heute in beide Richtungen entgleisen. Entweder sie bedienen, was immer gefragt wird, und haben zu wenig Ansprüche an eine eigene Position und die Entwicklung eines Programms, für das sie stehen wollen. Oder sie haben so eigenwillige oder extreme Ansprüche an Dienstleistungen, sodass sie keinen Markt dafür finden und tatsächlich ein eher prekäres Dasein fristen.

3.6 Macht

Aufgrund schwieriger Erfahrungen mit gleichberechtigten Strukturen, die zu unternehmerischer Stagnation geführt hatten, blieb der Autor von Anfang an Alleineigentümer und -entscheider.

Diese so geklärte Machtstruktur erlaubte schnelle und schlanke Entscheidungsprozesse und die Konzentration auf Programm- und Unternehmensentwicklung.

Die Klärung von Machtverhältnissen in Unternehmen wird – gerade am Anfang – oft vermieden. Doch wenn allen klar ist, wie im Zweifel die Dinge geregelt werden, befördert dies Disziplin und Freiheiten, schafft eine Rückfallposition, wenn Dinge nicht informell und durch Organisationskultur zu regeln sind. Undifferenzierte Vergemeinschaftung kann umgekehrt zu Schwerfälligkeit und Schieflagen bezüglich Leistungen und Ansprüchen führen. Zu leicht sind Beteiligte mehr auf das Mitbringen großer Löffel bedacht als auf ihren Beitrag zum Kochen möglichst viel guter Suppe.

Wer also unternehmerisch tätig sein will, sollte sein Verhältnis zu Macht klären. Wer notwendige Macht nicht für sich in Anspruch nimmt, lässt Spielraum, dass sich andere diese und damit verbundene Privilegien nehmen, ohne entsprechend Ressourcen oder Verantwortung zu

stellen. Dies lässt sich dann schwer oder nur teuer korri-
gieren.

3.7 Beteiligung

Ob die Beteiligung an Eigentum, Gewinn oder unternehmerischen Entscheidungen für eine nachhaltige unternehmerische Entwicklung geeignet ist, sollte bewusst
überlegt werden. Man kann sich aus Sinn für Gleichheit
und Gleichbehandlung für „demokratische Verhältnisse"
entscheiden. Sollten damit aber die unternehmerischen
Gestaltungsaufgaben nicht gut gelöst werden können,
kann dies zum Niedergang und zu Ressourcenverschwen-
dung führen. Die Verhältnisse müssen eben auch für die
unternehmerisch Begabten und Engagierten attraktiv
bleiben. Sonst gehen Leistungsträger verloren. Und dass
Illusionen über die eigene unternehmerische Leistung
verbreitet sind, kommt als Schwierigkeit hinzu. Manchmal sind es Privilegien oder Zufälle, vorgefundene Strukturen und Gesellschaftsentwicklungen, die Menschen
entsprechende Positionen ermöglichen. Wie unternehmerisch verantwortlich und produktiv sie wirklich sind,
steht oft auf einem anderen Blatt und muss sich im Konkreten beweisen.

Bevor Macht- und Beziehungsverhältnisse konkret in
Form gebracht werden, sind viele Fragen explizit und
nach Bauchgefühl zu beantworten. Beispiele:

1. Sind die Deals mit den in den jeweiligen Rollen
   Mitwirkenden so gestaltet, dass sie diese tatsächlich binden und ansporen?

2. Trägt die Beziehung, wenn sich die Dinge schwie-
    rig oder erfolgreich entwickeln, oder könnte wo-
    möglich eine unerwartete Dynamik entstehen?
3. Sind die Entscheidungsstrukturen so gestaltet,
    dass die Verhältnisse von Geben und Nehmen
    den jeweils wichtigen Beiträgen zur Unterneh-
    mensleistung und Unternehmensentwicklung
    entsprechend angepasst werden können?
4. Sind die Strukturen von Anfang an klar definiert,
    ist zumindest das Entwicklungsmuster geklärt,
    sodass Anpassungen an Entwicklungen nicht ver-
    schleppt werden?
5. Sind unbekannte oder noch unklare Räume vor-
    gesehen und geklärt, wer zuständig ist, neues zu
    entscheiden, wenn Anpassungen notwendig
    sind?

3.8 Fazit

Partnerschaften und Unternehmen völlig durchdacht gründen zu wollen, wäre wohl ein meist zu hoher Anspruch. Aber so naiv, wie dies oft geschieht, muss es auch nicht sein, zumal Schäden und Verletzungen die Folge sind. Die hier aufgeworfenen Fragestellungen können dazu dienen, Erfahrungen einzuordnen und die Zusammenhänge einigermaßen richtig einzuschätzen. Dann kann man besser ansetzen, Kursänderungen möglichst frühzeitig einzuleiten, wenn der Weg nicht stimmt, oder im Nachhinein für die Zukunft zu lernen.

4. Entwicklung zum Unternehmen – Phasen und Rollen[5]

Auf dem Weg vom Einzelkämpfer zum Unternehmer, der sich vorwiegend der Entwicklung von Geschäftsfeldern und Produkten oder der Kulturpflege im Unternehmen widmet, durchlaufen Dienstleister vielfältige Phasen und Rollen. Beispielsweise bedeutet eine solche Transformation, von der Bühne weitgehend abzutreten und stattdessen in die Regisseurs- und Intendantenfunktion – sprich hinter oder vor die Bühne – zu wechseln.

Das große Themenfeld „Unternehmertum und Unternehmensentwicklung" kann hier nicht umfassend dargestellt werden. Doch sollen einige Entwicklungsthemen vom Einzelkämpfer über mehr oder weniger ausdifferenzierte Beratungsunternehmen bis hin zu ausgewachsenen Unternehmen skizziert werden. Dabei werden Fragestellungen aus der Erfahrung des Autors als Berater und als Unternehmer angesprochen, deren Beachtung mancher Fehlentwicklung entgegenwirken kann.

Wenn Unternehmen in Schieflage geraten, sind technische, rechtliche oder finanzielle Gesichtspunkte oft weniger ausschlaggebend als Mentalitäten und Kultur-Dimensionen bezüglich des Unternehmertums. Seltsamerweise finden unternehmerische Erfahrungen selbst bei Beratern für Unternehmen in eigener Sache zu wenig Berücksichtigung.

---

[5] Anhang Literatur: Coaching-Magazin Online, 06.08.2021

Dies liegt vielleicht daran, dass sie Unternehmertum nicht als Beruf und eigene Kompetenzperspektive begreifen oder nicht primär Unternehmer werden wollten. Manche versuchen ihr Unternehmerglück vielleicht eher, um die Chancen, die sich durch ihren freiberuflichen Erfolg bieten, wahrzunehmen. Oder sie vertrauen nicht auf den Erfolg als Einzelkämpfer und hoffen, durch einen Zusammenschluss besser ins Geschäft zu kommen.

Dass mit einer Unternehmensgründung eine Weichenstellung in ein anderes Berufs- und Tätigkeitsverständnis verbunden ist, ist vielen nicht bewusst. Entsprechend kommen manche erst spät aufgrund schmerzlicher Erfahrungen zur Einsicht, dass Unternehmertum weit mehr erfordert, als für die meisten Menschen passend ist.

4.1 Vom Einzelkämpfer zur Freiberufler-Partnerschaft

Meist wird zunächst eine berufliche Partnerschaft angestrebt, durch die man gemeinsam leistungsstärker werden soll. Die Initiative geht oft von einem erfolgreichen „Einzelkämpfer" aus, der auf diese Weise Umsatzmöglichkeiten, die seine persönliche Kapazität übersteigen, nutzen möchte. Zusammen kann man größere Kapazitäten bieten. Die Partner sollen – vielleicht mit etwas anderen Schwerpunkten – im Wesentlichen vergleichbare Tätigkeiten ausüben. Auch entstehen Partnerschaften oft, weil man Marktchancen durch eine Erweiterung der Dienstleistungspalette verbessern und dennoch möglichst bei eigenen Spezialitäten bleiben will. In der Regel hofft man auf Synergien, darauf, dass 1+1 mehr als 2 ergeben kann.

Jeder rechnet seine eigene Leistung ab, sei es direkt mit den Kunden oder durch entsprechende Honoraraufteilung. Gemeinsam sind vielleicht ein Logo, ein Büro und die Konditionen gegenüber den Kunden. Profitieren die anderen Partner von eingebrachten Aufträgen, kann dafür eine Vergütung wie eine Beteiligung am entsprechenden Umsatz vorgesehen sein. Im Wesentlichen handelt es sich um das Zusammenlegen einiger Funktionen, gemeinsame Dienstleistungen und wechselseitige Unterauftragsverhältnisse. Modelle dieser Art gibt es in Praxisgemeinschaften aller Art, wie Rechtsanwaltssozietäten, Architekturbüros etc. Unternehmerisches Engagement, Entscheidungsbefugnisse und Risiken bleiben bei den Einzelnen und werden bestenfalls durch situative Vereinbarungen gemeinsam geregelt. Bildlich gesprochen bleibt jeder auf seinen eigenen Beinen oder kann diesen Zustand leicht zurückgewinnen, wenn die Verbindung gelöst wird.

4.2 Hineinwachsen in Unternehmensbeziehungen

Aus lockeren Partnerschaften können umfangreichere Projekte und gemeinsam genutzte unternehmerische Strukturen und Abläufe erwachsen. Diese müssen dann gemeinsam gesteuert und finanziert werden, was umso anspruchsvoller wird, je mehr angestellte Mitarbeiter und Freiberufler einbezogen werden und je mehr sich der gemeinsame Auftritt und die Infrastruktur entwickeln. Dass hier eine Neugestaltung ansteht, merkt man oft erst, wenn informell gewachsene Provisorien an ihre Grenze kommen. Eine tüchtige Sekretariatskraft fällt aus, Verantwortungslücken schließen sich nicht mehr durch informelle Abstimmung, oder Eigenmächtigkeiten und Enttäuschungen führen zu Problemen. Was als Beziehungsstörung empfunden wird, ist oft Ausdruck vernachlässigter Unternehmensentwicklung. Wichtig ist, es dann auch als solche zu begreifen, statt die Beziehung psychologisch bearbeiten zu wollen.

Das Unternehmen hat ein Eigengewicht und eine Eigendynamik bekommen, was erst mit Verzögerung in das Bewusstsein der Akteure dringt. Es ist ein gemeinsamer Kundenstamm entstanden, die Marke hat Gewicht bekommen, und das damit verbundene Know-how, die Produkte und das dem Unternehmen zugeschriebene Programm sind im Markt ihr Geld wert geworden. Sich wieder ganz auf die eigenen Beine zu stellen, würde vielleicht Verlust oder Streit bedeuten. Auch wenn man beieinanderbleibt, sollte man die Frage beantworten, wem das alles wie zuzurechnen ist.

Das Unternehmen des Autors wurde ursprünglich als gleichberechtigte Partnerschaft zweier Freiberufler geführt. Als nach Jahren enger Zusammenarbeit und gegenseitiger Inspiration unterschiedliche Entwicklungsinteressen und Unternehmensvorstellungen zur Belastung wurden, kam es zur Trennung. Reibereien, die – im

Nachhinein betrachtet – hauptsächlich in unterschiedlichen Unternehmensvisionen und Unternehmerstilen lagen und die Beziehung belastet hatten, wurden durch die Trennung beseitigt, bevor sie auch die freundschaftliche Beziehung nachhaltig schädigen konnten. Da geschäftlich gesehen nur wenig aufzuteilen war, kam man gut auseinander. Der Autor führte seinen Zweig des Unternehmens als Alleineigentümer, in Eigenregie und unter neuem Namen weiter – formal als Freiberufler – bis ein Ausbaustadium erreicht war, das eine GmbH im Alleineigentum erforderte.

4.3 Unternehmen als eigene Einheit

Bei sich entwickelnden Unternehmen steht irgendwann eine Differenzierung der Rollen und Beziehungen an. Wer leistet – neben der Bearbeitung von Kundenaufträgen – in welchem Umfang und in welcher Qualität die Steuerung des Unternehmens, trägt Risiken, entscheidet, wenn es um Investitionskosten und um die Verteilung von Erträgen, um Vergütung der jeweiligen Tätigkeiten, um Strategie-, Programm- und Produktentwicklung, das Geschäftsmodell und um die Einbeziehung weiterer Mitwirkenden etc. geht? Dabei ist die Unterscheidung der Unternehmerrolle(n) von den Rollen der angestellten Mitarbeiter und freiberuflichen Dienstleister für diese Betrachtungen entscheidend.

Der Autor übernahm neben seiner Funktion als Dienstleister für Kunden zunächst alle Unternehmerrollen selbst, entwickelte dafür eine Kulturgewohnheit in seinem Stil und übertrug sie nach und nach an Angestellte und freiberufliche Partner. Da er selbst darüber entscheiden konnte, wer an Bord kam und blieb, konnte bei allen persönlichen Unterschieden eine Kultur aus einem Guss entstehen. Dies wurde auch dadurch begünstigt, dass alle freiberuflichen Mitarbeiter im Hause ausgebildet wurden und Mitarbeiter davor meist lange als Praktikanten ihre Passung zum Unternehmensstil gezeigt hatten. Welch großer Vorteil dies war, begriffen alle erst allmählich, wenn sie Passungsschwierigkeiten mit Personen, die keine „Hausgewächse" waren, erlebten. Allerdings kamen diese Umstände auch dadurch allen nachhaltig zugute, dass der Unternehmensstil zu langjähriger befriedigender Zugehörigkeit einlud. In einer solchen Konstellation ist die Persönlichkeit des Gründers kulturbestimmend.

Ist eine Weichenstellung für die Unternehmensentwicklung und das damit verbundene Geschäftsmodell anfangs unterblieben und sind mehrere Partner zunächst gleichberechtigt an den unternehmerischen Aktivitäten beteiligt, driftet das Unternehmen in eine heikle Phase, wenn die Dinge neu geregelt werden müssen. Die Schwierigkeit: Oft werden in der anfänglichen Begeisterung für die Partnerschaft egalitäre Modelle gewählt. Später kann sich zeigen, dass vielleicht ganz unterschiedliche Vorstellungen von Unternehmen, Motivationen und Talente zusammenkamen, ohne sich in der Anfangsphase zu stören. Die einen wollten vielleicht eigentlich nur einen Rahmen für ihr freiberufliches Dasein und

Qualitäten einer persönlichen Partnerschaft, während andere ein von einzelnen Personen sich zunehmend emanzipierendes Unternehmen anstrebten. Nun muss neu geprüft werden, ob die Unterschiedlichkeiten unter einem Dach vereinbar und ob die jeweiligen Bedürfnisse in einem Unternehmensmodell mit neuen Differenzierungen unterzubringen sind. Wenn nicht, würde sich eine Auflösung der bisherigen Partnerschaft empfehlen, und die verschiedenen Unternehmensideen könnten in getrennten Entwicklungen viel leichter verfolgt werden. Die Alternative ist, das Unternehmen zu erhalten und Änderungen in der Verfasstheit und den Rollenbeziehungen vorzunehmen. Ähnlich wie in einer Ehe nach dem Modell „Zugewinngemeinschaft" müsste hierfür ein Zwischenstand des Zugewinns und dessen Verteilung bestimmt werden, um danach in gutem Einvernehmen getrennte Wege zu gehen oder den gemeinsamen Weg mit neuer Verfasstheit, neuen Rechten und Pflichten fortzusetzen. Allerdings kann dies umso schwieriger werden, je mehr man sich untergründig auseinandergelebt hat und die Klärung der Beziehung durch Enttäuschungen, Begierden und unrealistische Vorstellungen erschwert wird. Leider gibt es oft keine Regelungen, wie entschieden werden kann, wenn man sich uneins ist, und die Entwicklung endet in einem Patt. Ähnlich wie in der Neuordnung privater Verhältnisse droht hier das „Waschen schmutziger Wäsche", und ein Unternehmen sowie Beziehungen können daran dauerhaft zerbrechen.

Ist dieser Fall erstmal eingetreten, dann ist fraglich, wie viel man durch Klärung und Beratung noch einfangen, wie man sich würdig und in Verbundenheit neu orientieren kann. Denn nun folgt der Stresstest für die Beziehung und das für sie gewählte unternehmerische Modell. Dieser kann umso besser bestanden werden, je erfolgreicher man bezüglich der jetzt als Konflikt aufgeworfenen Fragen gemeinsame Grundverständnisse und eine Kultur des aufrichtigen und fairen Austausches entwickelt hat. Je mehr dies vernachlässigt wurde, je mehr untergründige Vorbehalte gegeneinander aufgebaut wurden, umso unwahrscheinlicher ist es, dass dies nachgeholt werden kann. Daher gilt: Beachtet die Anfänge!

4.4 Vom Berater zum Unternehmer

Bei denen, die künftig für das Unternehmertum stehen, steht eine Verschiebung von Identität, von Krafteinsatz und von für das Funktionieren entscheidenden Qualifikationen an – manchmal reflektiert und strategisch angelegt, meist jedoch eher allmählich mit nachträglicher expliziter Festigung. War der Beratungsunternehmer eher Berater, der sein Wirkfeld vergrößern wollte, so kümmert er sich nun mehr um Strukturen, Prozesse und Kultur des Unternehmens. War er als Person hauptsächlich kreativer Dienstleister, so geht es fortan stärker um die Organisation von Dienstleistungen durch andere. Kundenprojekte sind für ihn nun als Vehikel zur Produkt- und Programmentwicklung oder zur Entwicklung eigenen Nachwuchses interessant und werden nur insoweit selbst betrieben. Entscheidend ist, nicht die eigenen

Kundenauftritte, sondern über Kundenbetreuung durch andere das Beratungsunternehmen voranzubringen. Wichtig ist demnach u. a. die Positionierung von Mitarbeitern beim Kunden und die Stärkung der Marke (unabhängig vom Gründer).

Wer hat nicht schon als Kunde hier negative Erfahrungen gemacht? Zum Geschäftsabschluss kam der Gründer-Fachmann und überzeugte. Doch später kamen andere, und nun zeigte sich, dass es an deren unternehmerischer Führung und am stimmigen inneren Zusammenspiel massiv mangelt. Dies ist dann auch nicht leicht zu beheben und schon gar nicht von Kundenseite. Oft hat der Unternehmer-Gründer hier auch weder Qualitäten oder Engagement zu bieten. Als Kunde hätte man sich nicht allein an der Fachlichkeit des Gründers, sondern an der Verfügbarkeit funktionierenden unternehmerischen Zusammenspiels orientieren sollen.

Durch die Entwicklung zum Unternehmen verändern sich Marketing, Vertriebs- und Abrechnungsmodalitäten. Wie sehr man hier mit Gewohnheiten zu kämpfen hat, merkte der Autor daran, dass er wiederholte Anläufe brauchte, beim Kunden nicht so aufzutreten, als würde er nachher persönlich dort tätig werden. Stattdessen lernte er, die Betreuer beim Kunden und sich selbst als Rahmen- und Qualitätsgarant im Hintergrund zu platzieren. Oft ist es wichtiger, mit den Top-Repräsentanten auf Kundenseite als Schirmherren (und -damen) Kontakt zu pflegen, im Alltag aber von vornherein den tatsächlichen Dienstleistern die Bühne zu bereiten und zu überlassen.

Nicht alle können ihre Prioritäten so umsteuern, dass sie Systempfleger werden und von den Hauptrollen auf der Bühne zu Regisseurs- und Intendantenfunktionen hinter der Bühne wechseln. Gelingt dies allerdings dem Unternehmer zu wenig, sind Folgeprobleme und Qualitäts- wie Kulturverluste vorgezeichnet. Der Unternehmer ist dann als Bottleneck überlastet und kann seine pflegerischen Funktionen nicht solide und mit Souveränität ausfüllen und sichtbar machen. Man kann solche Funktionen nur begrenzt delegieren – und die letztendliche Verantwortung und Zuwendung zu einem kulturmäßig hochwertigen Unternehmertum eigentlich gar nicht.

4.5 Weitere Rollenwechsel

Im Unternehmen des Autors waren die formellen Rollen von Anfang an klar. Dies zeigte sich z. B. darin, dass das Programm vom Unternehmen festgelegt wurde, dass feste Honorare gezahlt wurden und entsprechend auch entschieden wurde, wann sich ein angebotener Kurs lohnt oder abgesagt werden sollte. Entwicklungskosten trug das Unternehmen, entschied aber auch über Investitionen und behielt Überschüsse ein. Auch über Berufungen neuer Partner und Mitarbeiter oder die Wahl von Unternehmerpartnerschaften und Vertragsbedingungen mit Partnern entschied die Unternehmensleitung. Alles transparent und im Dialog mit denen, die daran interessiert waren, aber klar bezüglich Zuständigkeiten und Letztentscheidungen.

Waren in den Anfangsjahren die Beziehungen so, dass nicht nur Mitsprache, sondern auch Mitentscheidung informell Bedeutung hatten, veränderte sich dies mit zunehmender Komplexität, der Anzahl und Geisteshaltung der Mitwirkenden. Da die notwendigen Abstimmungsprozesse für diese informelle Regelung immer schwieriger und kräfteraubender wurden und Enttäuschungen bzw. Spannungen zunahmen, kam es zu einer ganz offiziellen Änderung des informellen Selbstverständnisses und der gegenseitigen Erwartungen.

Die Pionierphase war endgültig vorbei. Manche bedauerten das. Andere waren froh, von gefühlter Mitverantwortung entbunden nur noch die vereinbarte Verantwortung ausfüllen zu müssen – natürlich mit einem weiterhin vorhandenen Bezug zum Großen und Ganzen. Besonders die nach der Gründungsphase neu Hinzugekommenen waren für geklärte Verhältnisse dankbar.

Weggabelungen

Oft wird der Versuch unternommen, dass Mitarbeitende freiberufliche und angestellte Mitwirkungen kombinieren. Dies führt mit einiger Wahrscheinlichkeit zu Spannungen, die nicht leicht auszubalancieren sind und in vielen Fällen durch Wegentscheidungen entwirrt werden müssen.

In den Pionierjahren des Unternehmens des Autors stellte er zwei begabte und engagierte Kollegen nach ihren Praktika als Angestellte ein. Sie standen am Berufsanfang und waren froh, eine Festanstellung an einem für sie attraktiven Unternehmen zu bekommen. Implizit zeichnete sich ab, dass sie nicht hinter der Bühne eines solchen Unternehmens tätig sein wollten, sondern eigentlich selbst auftreten und so ihre Berufswünsche ausleben wollten. Da sie zu diesem Zeitpunkt noch keine freiberufliche Identität und keinen Markt hatten, der Autor an jungem Engagement und Entwicklungsimpulsen bei noch moderatem Gehalt interessiert war, einigte man sich auf ein Angestelltenverhältnis.

Ohne dass uns das bewusst war, waren hier Bruchlinien angelegt, die wir lange durch Abstimmungsbemühungen in gegenseitiger Loyalität zu überbrücken suchten. Das Interesse der jungen Kollegen richtete sich darauf, Curricula zu entwickeln, in denen sie selbst Lehrfunktionen übernehmen konnten. Dies gelang auch, doch wurde es schwierig, als diese Lehrfunktionen durch Freiberufler zu durchaus attraktiven Honoraren wahrgenommen werden und sie zu vergleichsweise geringerem Gehalt den Betrieb am Laufen halten und entwickeln sollten. Auch verzeichneten sie erste Erfolge, eigene Kunden für freiberufliche Aufträge auf eigene Rechnung zu gewinnen. Dies war eigentlich allen willkommen, konnten sie so ihre Einkommenswünsche auch außerhalb der Festanstellung befriedigen.

Aber trotz aller Loyalität und explizitem Willen führte diese Entwicklung schließlich zu einer Engagement-Verschiebung. Da war einerseits ihre eigene Freiberuflichkeit, andererseits standen Ambitionen im Raum, Rollen auszufüllen, die im Unternehmen an Freiberufliche vergeben wurden. Innerhalb der Anstellung hatte

Systempflege im Hintergrund Vorrang davor, Dinge und Auftritte nach außen zu entwickeln, die sie spannend fanden, aber nicht selbst tragen konnten.

Hintergrundarbeit für das tägliche Geschäft anderer und dessen Qualitätssicherung sind eine andere Nummer und liegt Menschen mit anderer Berufung meist weniger. Irgendwann kam es zu einer spontanen Äußerung des Gründers: „Es ist in Ordnung, dass Ihr Euer eigenes Unternehmen entwickeln wollt. Dann tut dies bitte auf eigenen Bühnen und in eigener Verantwortung! Wenn Ihr diesen Weg gehen wollt, dann beenden wir die Angestelltenbeziehung und wir engagieren Euch als Freiberufler, soweit wir darin einen Nutzen sehen." Gesagt und in gutem Einvernehmen getan, haben beide ehemalige Angestellte heute ein florierendes eigenes Beratungsunternehmen und sind seit Jahrzehnten als freiberufliche Kollegen auch für das isb tätig.

Gelernt haben wir daraus, interne Funktionen fortan durch solche Personen zu besetzen, zu deren Neigungen, Ambitionen, Qualifikationen und Lebensverhältnissen die internen Rollen auch längerfristig passen. Da man das meist nicht genügend in Vorstellungsgesprächen oder Kontakten in anderen Kontexten klären kann, empfiehlt sich eine Probezeit, die ihren Namen auch verdient.

Übergabe der Leitungsrolle

Ein weiterer Rollenwechsel ging damit einher, dass der Leiter den Gründer in der Führung des Unternehmens ablöste und dieser nur noch bei wesentlichen

Fragen konsultiert wurde. Hierbei hat sich bewährt, dass der Gründer die Bühnen, auf denen er selbst das Unternehmen nach innen und außen repräsentiert hatte, auch tatsächlich verließ bzw. nur selten und als gebetener Gast betrat. Der neue Leiter hatte viele Jahre im Unternehmen und im Berufsfeld Erfahrungen gesammelt, war daher im Umfeld des Unternehmens gut vernetzt und nahm in bestimmten Fällen Lehrenden- und Beraterfunktionen wahr. Er bekannte sich in seiner Rolle klar zur Priorität, das Unternehmen zu führen und andere Identitäten in diesen Dienst zu stellen.

Den Respekt in seiner Funktion musste er sich erarbeiten, insbesondere bei der älteren Mitarbeiter- und Partnergeneration. Schließlich wurde er als neue Leitfigur von allen akzeptiert, Neuankömmlinge in der Organisation oder neue Partner und Kunden banden sich von vornherein an seine Führungsrolle. Dabei half die uneingeschränkte Unterstützung durch den Gründer und dass auch er seine Zuständigkeit ohne Grenzüberschreitungen respektierte.

4.6 Unternehmerische Modelle

In dieser Phase der Unternehmensentwicklung geht es häufig um Fragen der Eigentumsbeteiligung und darum, wie Eigentum und unternehmerische Verantwortung beieinander gehalten werden können. Der Bereitschaft zur Eigentumsbeteiligung scheint öfter die Annahme zugrunde zu liegen, dass durch Miteigentum unternehmerische Kompetenz und Mitverantwortung gewonnen werden könne. Dies mag der Fall sein, wenn dies im Wesen der beteiligten Personen liegt. Doch sollte man dies, wie im nächsten Kapitel an einem Beispiel erläutert wird, konkret im Vollzug prüfen und nicht einfach nur unterstellen.

5. Unternehmertum, Geld und Beteiligungen[6]

Der Schritt vom selbstständigen Coach, der als Einzelanbieter auftritt, hin zum Unternehmer, der Angestellte und Dienstleister beschäftigt, ist vollzogen. Fortan stellen sich zahlreiche Fragen. Wie ist etwa eine sinnvolle Geld- und Gehaltspolitik im eigenen Unternehmen zu gestalten? Was macht Unternehmertum aus? Welche Funktionen erfüllt es? Um einen Kerngedanken dieses Kapitels vorwegzunehmen: Unternehmertum unterscheidet sich von Eigentum. Es ist kein Besitzstand, sondern muss laufend seinen Mehrwert schaffen.

Welche Wirkung entfaltet Geld für die Motivation der Mitwirkenden sowie in der Beziehungsgestaltung zwischen Arbeitgeber und -nehmer? Mit welchen Nebenwirkungen ist zu rechnen? Was sollte als unternehmerisches Einkommen gelten? Wodurch ist es gerechtfertigt und wer sollte daran mit welchen Konsequenzen beteiligt werden? Und schließlich: Gibt es so etwas wie ein „Unternehmer-Gen"? Zu diesen Fragen sollen Überlegungen angestellt werden, was unternehmerische Verantwortung bedeutet und wie sie nachhaltig erhalten werden kann. Anschließend werden Fragen zum Unternehmertum als Lebensform angefügt.

---

[6] Anhang Literatur: Coaching-Magazin Online, 29.09.2021

Bei allem sollte offen miteinander geredet und verhandelt werden.

Hierbei ist zu beachten, dass marktwirtschaftliche Prozesse nur in relativ freiheitlichen Verhältnissen funktionieren können, in denen niemand Ausbeutung hinnehmen muss, sondern ein Geben und Nehmen fair verhandelt werden kann.

5.1 Geldpolitik

Geld ist kein Wertgegenstand, sondern ein Gestaltungsmittel

Idealerweise sollte mit Geld als Gestaltungsmittel freimütig und eher großzügig umgegangen werden. Ansonsten sollte das Thema Geld nicht im Vordergrund stehen. Natürlich ist dies nur möglich, wenn der materielle Umgang mit Geld zufriedenstellend gelöst ist. Was sollten Unternehmer dafür tun, dass Geldfragen nicht dominieren, auch nicht im Hintergrund? Sie können z. B. alle Mitwirkenden großzügig bezahlen und eigenmotiviert dafür sorgen, Vergütungen rechtzeitig sowie angemessen zu erhöhen. Sofern es Personalstruktur und Marktverhältnisse erlauben, sollte berücksichtigt werden: Wenn alle Freiberufler die gleichen Honorare und alle Angestellten die gleichen Gehälter bekommen – von Geschäftsführung und Hilfsfunktionen abgesehen – gibt es wenig Anlass zum Vergleichen oder zu Diskussionen über die Angemessenheit der Bezahlung.

Es ist davon auszugehen, dass berufliches Engagement eine Frage von Temperament, Selbstverständnis und Würde ist. Versucht man berufliches Engagement mit Geld zu steigern, kann sogar ein paradoxer Effekt einsetzen: Ehrenhaftes wird zur Handelsware und die monetäre Belohnung tritt in den Vordergrund. In Folge entsteht der Eindruck: Wer mehr bekommt, ist wichtiger.

Auch ihren Kunden gegenüber sollten sich Unternehmer entsprechend fair positionieren, z. B. indem Abrechnungen klar und transparent gehalten werden. Grundsätzlich sollte mit dem Geld Anderer so umgegangen werden, als wäre es das eigene.

5.2 Unternehmerisches Einkommen

Unternehmertum ist kein Besitzstand, sondern ein ständig neu zu schaffender Mehrwert.

Was sind unternehmerische Funktionen, die ein Einkommen speziell dafür rechtfertigen? Zunächst sind es Funktionen, die dazu führen, dass Produkte entwickelt werden, die über persönliche Dienstleistungen hinaus einen Marktwert erlangen, und dass ein Unternehmen entsteht, das mit seinem Leistungsangebot sowie seiner Kultur von allen Stakeholdern als eigenständig erlebt und für erhaltenswert gehalten wird. Wenn beides gelungen ist, rechtfertigen diese Umstände einen Besitzstand der Gründungsunternehmer, der – nach deren Rückzug aus der unternehmerischen Verantwortung – in ein Einkommen münden kann. Jedoch muss die Weiterentwicklung der Unternehmensfunktionen als unternehmerische Verantwortung erhalten bleiben. Unternehmen müssen, wie Gärten, laufend gepflegt werden, sonst verwildern sie. Ihr vitaler und kultureller Wert kann durch Branding und Sicherstellung von Rechten allein nicht gesichert werden. Versucht man dies übermäßig, fließt zu viel Aufmerksamkeit in Grenzsicherung statt in die Pflege des Gartens. Es muss also weiterhin eine Originalität gewahrt bleiben, aufgrund derer dieses Unternehmen immer wieder als attraktiv genug erachtet wird, in ihm eine Eigenleistung zu erbringen und das eigene Wirtschaften im Zusammenspiel mit ihm zu gestalten. Unternehmertum ist also anders als Eigentum kein Besitzstand, sondern muss laufend seinen Mehrwert schaffen. Dieser Mehrwert muss sowohl extern als auch intern deutlich gemacht werden, wenn Unternehmer ihre Leistung honoriert bekommen möchten:

- Für die eigenen Dienstleister muss es dauerhaft plausibel sein, warum sie unter diesen Rahmenbedingungen liefern sollten, und zwar ohne Nebengeschäfte zu machen oder gar das Produkt oder Abwandlungen davon unter anderem Namen selbst anzubieten. Dies ist für die Dienstleister nur plausibel, sofern genügend unternehmerischer Mehrwert geschaffen und vom Markt vergütet wird. Sonst geht es in Verteilungskämpfe und fragwürdige Bereicherungsversuche über.
- Die Rolle der Mitunternehmer muss geklärt sein. Wenn sie unternehmerisch nicht wirklich beitragen,

sind Angestellten- oder Freiberuflerkontrakte vorzu-
ziehen.

- Ein Unternehmer muss also sein Einkommen dauerhaft verdienen. Dies über Rechte und deren Wahrung
über tatsächliche Leistungen hinaus garantieren zu
wollen, wird auf Dauer problematisch.

Erfolgsbeteiligung

Bei der Frage, ob und wie Mitarbeiter am unternehmerischen Erfolg zu beteiligen sind, sollte zwischen verschiedenen Motiven unterschieden werden: Geht es darum, bereits Geleistetes zu würdigen, vielleicht weil dies
fair ist, da die Ernte gemeinsamer Arbeit größer ausfiel
als erwartet? Oder geht es darum, Ehrgeiz anzustacheln
und Hoffnungsträger zu binden? In beiden Fällen sind
vielfältige Formen von Gratifikation denkbar. In Beteiligung zu denken, kann voreilig und mit unliebsamen Konsequenzen verbunden sein.

Hier ein Beispiel aus der Geschichte des Unternehmens des Autors zum Thema nachträgliche Gratifikation:
An den Anfängen des Unternehmens stand die Partnerschaft zweier Freiberufler. Über Jahre half eine sehr engagierte Mitarbeiterin beim Aufbau, die wir unserer da-
maligen Wahrnehmung gemäß ordentlich, aber im Nachhinein betrachtet zu sparsam bezahlten. Als erkennbar
wurde, welcher Wert im Unternehmen auch durch sie
entstanden war, wurde die bereits pensionierte Mitarbeiterin nachträglich mit einer Prämie gewürdigt. Besser
spät als gar nicht. Seither wurde versucht mit der Bezahlung der Mitwirkenden besser auf dem Laufenden zu

bleiben. Z. B. verdienten auch Praktikanten immer genügend, um in der Zeit des Praktikums davon leben zu können.

Wenn es darum geht, Mitarbeiter zum unternehmerischen Denken und zum Einbringen von besonderen Talenten oder zu zusätzlichem Engagement zu bewegen, wird der finanzielle Anreiz als Faktor vermutlich überschätzt. Denn: An nichts gewöhnt sich der Mensch so schnell wie an Privilegien! Sie werden schnell zur Selbstverständlichkeit und ob sie nachhaltig zu besonderen Anstrengungen führen, ist fraglich. Ob mit Geld zusätzliche Motivation geweckt werden kann, muss eigens geprüft werden. Man sollte hier besser über ein Geben und Nehmen sprechen und darüber, was es braucht, um eine Win-win-Situation zu erhalten:

- Welches Engagement wird gebraucht und als erfolgsrelevant angesehen?
- Wer kann dieses Engagement in den verfügbaren Rollen erbringen?
- Welche Währungen für das Geben und Nehmen gelten in den jeweiligen Beziehungen?
- Was gilt als Würdigung? Wer braucht vor seinem Hintergrund welche Würdigung?
- Welcher „seelische Kontrakt" wird geschlossen und was braucht es jeweils, dass dieser als gehalten erlebt wird?

Ohne solche Abstimmungen werden Ressourcen oft unwirksam eingesetzt, findet persönlicher Eifer wenig

Resonanz und führen unerfüllte Erwartungen zu Frustration. Bevor nun Fragen der unternehmerischen Beteiligung von Mitarbeitern diskutiert werden, erfolgen zunächst einige Überlegungen zum Unternehmereinkommen, das sich von Investoreneinkommen unterscheidet.

5.3 Unternehmer und Investoren

Unternehmereinkommen zeichnet sich durch Verantwortung sowie Engagement des Unternehmers und seinen tatsächlichen Aktivitäten in Unternehmerrollen aus. Davon zu unterscheiden ist Einkommen, das allein auf die Verfügung über Kapital und andere Ressourcen beruht. Letzteres sollte eher Investoreneinkommen genannt werden. So gesehen rechtfertigt sich Unternehmereinkommen durch unternehmerische Leistung und sollte an unternehmerische Mitverantwortung gebunden bleiben. Für Investoren sind auskömmliche Kapitalrenditen und dafür Eigentums- sowie Ertragsbeteiligung wichtig. Zur Erhaltung und Entwicklung eines Unternehmens ist jedoch die hochwertige Gestaltung von unternehmerischen Rollen nicht weniger entscheidend, wenn nicht sogar wichtiger. Renditen können eher einmal für eine Zeit mager ausfallen, ohne dass nachhaltiger Schaden entsteht. Unternehmerische Fehlleistungen können die Leistungsfähigkeit sowie die Kultur eines Unternehmens schwerer schädigen, als dies bei oberflächlicher Betrachtung erkennbar wird. Ähnlich wie bei einem gesunden Organismus kann Vieles lange Zeit kompensiert werden. Wenn sich Symptome zeigen, steckt dahinter oft schon eine längere ungesunde Entwicklung, die nicht so leicht korrigiert werden kann. Der Weg zur Genesung kann dann entsprechend lang sein (Schmid, 2019a). Längerfristig betrachtet hängen unter vernünftigen Bedingungen Unternehmensgesundheit und Rentabilität eng zusammen.

Denkt man an Eigentumsbeteiligung, so muss man klären, ob akzeptiert sein soll, dass früher oder später dieses Eigentum bei Menschen landen wird, die nicht an der Entwicklung des Unternehmens beteiligt sind, sondern nur Eigentümerinteressen haben. Die gesellschaftliche Auswirkung davon, dass in der Unternehmenssteuerung Geldrenditeinteressen vorherrschen und Engagement für einen gesellschaftlichen Beitrag durch Unternehmertum dominieren, lässt sich überall beobachten. Will man dies nicht, muss man eigene Konstruktionen finden, die unternehmerische Verantwortung und Eigentümerentscheidungen beieinander halten. Dies ist insbesondere Familienunternehmen anzuraten, bei denen die nächste Eigentümergeneration nicht als Unternehmer nachfolgen wird.

5.4 Einkommen für Unternehmertum

Einer weitverbreiteten Annahme zufolge führen Gewinn und Eigentum dazu, unternehmerisches Engagement sowie Verantwortung zu stärken. Dieser Automatismus ist fraglich. Zunächst erhöhen Gewinnbeteiligung nur das Einkommen und Eigentumsbeteiligung nur das Vermögen. Ist Gewinnbeteiligung nicht an langfristige Entwicklungen gebunden und ist die Eigentumsbeteiligung leicht liquidierbar, so ist die Bindungskraft an das Unternehmen und seine Entwicklung anzuzweifeln. Beispiele für Ausbeutung von innen und Top-Führungskräfte, die das Unternehmen nach ihrem Ausscheiden geschädigt zurücklassen, gibt es genug.

Wenn ein Zusammenhang zwischen unternehmerischer Verantwortung und Beteiligung einen Sinn ergeben soll, dann doch eher umgekehrt: Geeignete und motivierte Mitarbeiter, die deutlich unternehmerische Kompetenz sowie unternehmerische Verantwortung zeigen, werden durch Beteiligung belohnt und dadurch weiter motiviert. Einerseits der Gerechtigkeit wegen, andererseits um sie an das Unternehmen zu binden. Geht es um Würdigung, sollte überlegt werden, ob diese Form der Gratifikation die richtige ist. Geht es um Bindung, muss sichergestellt werden, dass die Gratifikation das leistet und an der langfristigen Entwicklung orientiert bleibt. Sonst ist die Verlockung zu groß, die Wirkung im Unternehmen auf kurzfristige Gratifikationen hin zu optimieren, auch wenn dies danach zulasten der weiteren Unternehmensentwicklung geht. Eigentumsbeteiligung wird dies vermutlich nur dann leisten, wenn sie nicht verkauft werden kann, sondern nur zur Anteilnahme an künftigem Ertrag berechtigt.

5.5 Geben und Nehmen aktuell halten

Wenn Einkommenszahlungen durch Zukunftserwartung ersetzt werden, kann das leicht zu Enttäuschungen und Ungerechtigkeitsempfinden führen. Hoffnungen auf spätere Gratifikationen sollten nicht unbedacht geweckt und nicht als Ersatz für angemessene Bezahlung geboten werden. Es ist ratsamer, das Geben und Nehmen aktuell zu halten, damit jeder weiß, warum er mitarbeitet und in das Unternehmen investiert. Für die Beziehungshygiene ist es auf Dauer besser, wenn offen verhandelt wird, ob das Verhältnis zwischen Geben und Nehmen stimmt und der aktuellen Situation entspricht.

Beziehungsrechnungen bleiben dann sauber, wenn sich keine unausgesprochenen Ansprüche aufbauen oder man nicht ungeklärt „Gutscheine" sammelt. Man kann sie vielleicht nie einlösen. Sie werden aber stattdessen als Rechtfertigung für Einstellungen oder Verhaltensweisen dienen, die sonst deplatziert wären. Konzepte, wie das der Rabattmarken in der Transaktionsanalyse (vgl. Schmid, 2017) oder das Konzept vom „Verrechnungsnotstand" (Stierlin, 2021), haben solche Dynamiken im Blick. Ungeklärte Rechnungen und diffuse Erwartungen führen leicht zu Störungen von positiver Bezogenheit. Im Rahmen klärender Dialoge wird abgeglichen, ob sich beide Parteien beim Wert von Gegebenem und Genommenem in einer gemeinsamen Wirklichkeit oder zumindest im offenen Dissens befinden.

5.6 Unternehmertum als Charakterzug und Lebensentwicklung

Bislang wurde die Bedeutung von Unternehmertum für die Unternehmensentwicklung betrachtet. Unternehmertum steht aber auch für die Selbstverwirklichung von

Menschen. Man spricht vom „Unternehmer-Gen", das wichtig sei, um unternehmerische Rollen wirklich auszufüllen und das dafür Notwendige lernen zu wollen. Einen wissenschaftlichen Beleg für eine solche Annahme gibt es wohl nicht, doch verstehen viele intuitiv, was gemeint ist. Es gibt anscheinend Menschen, die unternehmerisch aktiv sein wollen und die unruhig bleiben oder gar renitent werden, wenn sie zu entsprechenden Rollen keinen Zugang finden. Was da in einem Menschen steckt und in Vollzug gebracht werden will, erkennt dieser nicht immer gleich, doch helfen intuitive Entscheidungen oft, sich für die richtigen Bühnen und Rollen zu interessieren und aus intrinsischer Motivation mehr darüber zu lernen. Wie hierbei innere Bilder und Familientraditionen (Schmid, 2016) mitspielen, kann durch speziell auf solche Fragen fokussierte Selbsterfahrung erhellt werden. Spiegelungen von Stakeholdern aller Art können hier sehr ermutigend, aber auch ernüchternd sein (Schmid, 2019b).

Manch einer fühlt sich zum Unternehmer berufen, unterschätzt dabei aber die dafür notwendigen Anforderungen. Kann oder möchte man sich den mit dem Unternehmertum verbundenen Konsequenzen wirklich stellen? Die gesellschaftliche Stellung erlaubt manchen, ohne besondere Eignung unternehmerisch tätig zu sein, doch ist fraglich, ob diejenigen damit zufrieden sein können. Manche entdecken ihre unternehmerische Berufung erst spät. Dann wäre zu prüfen, in welchen Rollen und auf welchen Bühnen dieses Talent noch ausgelebt werden kann und welche Gratifikationen diese Personen dadurch noch erlangen können.

5.7 Fazit

Dass dem Autor Unternehmertum wichtig ist und er gekonntes sowie verantwortliches unternehmerisches Handeln als wertvoll ansieht, ist diesem Text deutlich anzumerken. Ihm war lange nicht bewusst, dass er in seiner Familie eine unternehmerische Tradition fortsetzen konnte. Die Mutter betrieb als Schneiderin eine Fabrikation ihrer eigenen Kollektionen und der Vater führte technisch eine Kleinmöbelfabrik, in der viele seiner eigenen Möbelentwürfe hergestellt wurden. Doch „vom Unternehmer-Gen angetrieben" überschritt der Autor intuitiv immer wieder berufliche Grenzen, sodass schließlich ein mittelständisches Unternehmen mit selbstentwickelten Produkten und einer eigenen Unternehmenskultur entstand.

In den meisten Unternehmen wäre so vieles an Entwicklung möglich und lebensnotwendig. An Geld und guten Ideen mangelt es selten, doch scheint ungenügend vorhandenes oder mangelhaft qualifiziertes Unternehmertum oft der entscheidende Engpass zu sein.

6. Übergabe unternehmerischer Verantwortung

Die Übergabe von unternehmerischer Verantwortung stellt Unternehmensgründer vor wesentliche Herausforderungen. Wann ist der richtige Zeitpunkt gekommen, um die Verantwortung abzugeben? Wer eignet sich als Nachfolger und wie soll dieser auf seine neue Rolle vorbereitet werden? Welche Position nimmt man als ehemaliger Unternehmens-Verantwortlicher während und nach dem Übergabeprozess ein? Im Folgenden skizziere ich anhand misslungener Beispiele, an welchen Punkten der Prozess scheitern kann. Anschließend zeige ich an einem gelungenen Beispiel auf, wie es besser gelingen mag.

6.1 Problemfälle

Zunächst werden einige Beispiele nicht gelungener Übergabe der unternehmerischen Verantwortung in Unternehmen der Beratungsbranche skizziert. Sie verdeutlichen, weshalb Gesichtspunkte der später anstehenden Verantwortungsübergabe frühzeitig beachtet werden sollten, z. B. im Rahmen eines Coachings.

Fall 1

Ein Beratungsunternehmer realisiert seine Idee und gründet ein Unternehmen in Form einer AG mit Festangestellten und Sitz in mehreren Ländern. Er selbst ist sowohl inhaltlich als auch in der Unternehmensführung die tragende Kraft. Ausgehend von Produkt und Programm handelt es sich bei seinem Unternehmen um ein Erfolgsmodell. Als der Beratungsunternehmer erkennt, dass er die Entwicklung nicht allein auf sich gestellt tragen kann, stellt er in Ergänzung zum eigenen Schwerpunkt im Bereich Psychologie einen kaufmännisch orientierten Manager als Geschäftsführer mit entsprechend hohem Gehalt ein. Dieser soll das Unternehmen führen und eine der Produktidee angemessene Marktpräsenz aufbauen. Bald zeigt sich, dass dessen fehlende Fachkenntnis kombiniert mit einer gewissen Selbstherrlichkeit, die er als General Manager entwickelt hat, keine organische Entwicklung, nicht einmal das Fortbestehen des Unternehmens erlaubt. Nach dem Konkurs und bitteren Auseinandersetzungen kehrt der Gründer zur Freiberuflichkeit und zu unternehmerischen Ambitionen zurück, die er im Alleingang verfolgen kann.

Fall 2

Eine Beraterin, die eine erfolgreiche Firma zur Beraterqualifikation aufgezogen hat, kommt erst jenseits der 60 zur Erkenntnis, dass sie noch anderes im Leben vorhat. Sie übergibt unmittelbar ihrem Sohn die Leitung, der zwar vom Fach und nicht unbegabt ist, jedoch weder hinreichende Erfahrung noch Autorität für eine Leitungsfunktion mitbringt. Er findet zu wenig Akzeptanz bei Kunden wie auch Partnern und ist unglücklich darüber, sich ohne angemessene Hinführung oder Unterstützung die „zu großen Schuhe" angezogen zu haben. Seine Mutter

muss dementsprechend zurück an die alte Wirkungs-
stätte oder das Unternehmen abschreiben.

Fall 3

Ein Beratungsunternehmer übergibt die Unternehmensführung einem geeigneten Geschäftsführer, der
nach einiger Zeit der Unterstützung die Leitungsrolle ausfüllen könnte. Allerdings gelingt dem Gründer der dafür
notwendige Rollenwechsel zum Mentor und Schirmherrn
nicht. Stattdessen wechseln sich bei ihm desinteressierte
Abwesenheit mit wiederholter grenzüberschreitender
Rückkehr in Leitungsfunktionen ab. Dieses Wechselbad
führt in allen Belangen zu starken seelischen und wirtschaftlichen Belastungen. Zwar überlebt das Unternehmen, doch ist dessen Beziehungskultur nachhaltig gestört.

Fall 4

Eine Beratungsunternehmerin mit Esprit und interna-
tionalem Renommee gründet eine Weiterbildungseinrichtung, die professionellen Beratern ihre „Schule" zu-
gänglich machen soll. Da sie selbst aber keiner Einladung
zu einem Auftritt widersteht, ist sie in ihrer eigenen Ein-
richtung schlicht zu wenig präsent. Diejenigen, die statt
ihrer selbst den Alltag im Unternehmen gestalten, haben
nicht das Format und werden unzureichend geführt oder
unterstützt, um ein überzeugendes Niveau halten zu können. Sie fühlen sich alleingelassen und der Ruf der Ein-
richtung bröckelt. Zwar werden noch genug Kunden
durch die überzeugenden Auftritte der Gründerin

angelockt, sodass wirtschaftlich gesehen die Rechnung stimmt, allerdings gibt es aufgrund des Führungsvakuums zunehmend zermürbende Machtkämpfe. Viele Kunden wie auch Partner wenden sich teils still enttäuscht, teils verbittert ab.

6.2 Gelingende Unternehmensentwicklung

In folgendem Beispiel handelt es sich um ein Beratungsunternehmen, bei dem der Gründer über viele Jahre die Kundenprojekte selbst akquiriert, konzipiert und im Wesentlichen geleitet hat. Die Dienstleistungen wurden durch langjährig eingearbeitete freiberufliche Partner erbracht, die ihre Leistungen über Tagessätze abrechneten. Einige besonders begabte und engagierte Partner konnten oft wesentliche Anteile der Projektsteuerung in Abstimmung mit dem Gründer übernehmen und bildeten dafür zusammen mit ihm einen informellen Führungskreis. Innerhalb dieses Führungskreises widmete sich der Gründer den Aufgabenbereichen Projektakquisition, Contracting und Abrechnung. Die anderen Partner übernahmen die Projektsteuerung. Diese beinhaltete die Verantwortung für Design und Projektfortschritt sowie für das Einbeziehen und Koordinieren weiterer Partner aus dem eigenen Hause.

Wachstum und neue Unternehmerverantwortung

Im Laufe der Jahre wuchs das Unternehmen und die Projekte wurden größer. Dadurch wuchs auch die Belastung für den Gründer sowie der für die Projekte mitverantwortlichen freiberuflichen Partner. Hinzu kam, dass gerade dieser Personenkreis nun altersbedingt kürzertreten und am liebsten nur noch „kleine, aber feine Aufgaben" übernehmen wollte. Also sollte mehr unternehmerische Verantwortung für das breite Kerngeschäft an andere im Unternehmen übertragen werden. Neben ihren Rollen als Berater, Teamentwickler oder Seminarleiter sollten diese Personen mehr Verantwortung für die Projekte, in denen sie tätig waren, übernehmen. Sie sollen beispielsweise Folgeaufträge akquirieren und selbstständig durchführen sowie in die Kundenverantwortung – vielleicht sogar in die Kundenneugewinnung – hineinwachsen.

Diese Verantwortungserweiterungen sollten mit entsprechenden Zuschlägen auf die üblichen Tagessätze der Freiberufler vergütet werden. Aus den ca. 30 freiberuflichen Partnern sollten zwei engere Kreise gebildet werden: ein Projektleiterkreis sowie ein Kundenbetreuer- und Geschäftsentwicklerkreis. In letzterem sollten auch Strategien, Produktentwicklung und Marktbetreuung für das ganze Unternehmen geregelt werden.

Aufbruch und Stagnation

Solche Entwicklungschancen lösten zunächst einige Begeisterung im Unternehmen aus und der Gründer nahm an, dass sich nun viele Initiativen entwickeln würden, die nur etwas Koordination benötigten. Doch wurde nach einem Jahr immer deutlicher, dass diese Hoffnung trog. Einige hatten den Änderungen zwar zugestimmt, aber ihre Einstellungen und Arbeitsweisen nicht wirklich geändert. Andere erprobten sich und wurden aktiv, verfehlten aber ihre neuen Rollenfunktionen. Insgesamt entstanden weder neue Projekte noch wurden zusätzliche Kunden gewonnen oder neue Produkte entwickelt. Stattdessen kosteten Diskussionen um Eignung, Passung, Engagement, hinreichende Unterstützung oder angemessene Vergütung zusätzliche Kraft.

An den Konflikten zeigte sich, dass die meisten freiberuflichen Partner ihre gewohnten Tätigkeiten nicht zugunsten übergeordneter Projektarbeit aufgeben wollten oder konnten. Fraglich ist, ob dies durch interne Qualifikationsmaßnahmen mit vertretbarem Aufwand hätte geändert werden können oder ob nicht Neubesetzungen sinnvoller gewesen wären.

Exkurs

Man muss damit rechnen, dass Rollenwechsel vom Mitwirkenden zum unternehmerisch Gestaltenden für die betreffenden Personen schwierig sind und man eher gezielt und rechtzeitig für unternehmerischen Nachwuchs sorgen sollte. Je spezifischer die Produkte, die Philosophie und das Unternehmensprogramm sind, umso schwieriger ist es, Leitungspositionen von außen zu besetzen. Im Umkreis des Autors sind einige solcher Versuche misslungen, weil erst an den überraschend virulent werdenden Passungsproblemen die Bedeutung von gemeinsamer Kultur auch für die Unternehmensführung in ihrem ganzen Gewicht erkennbar wurde. Als Vorbereitung auf anstehende Umstellungen wäre es ideal, schon in der Pionierzeit und in der Wachstumsphase eines

Unternehmens Entwicklungen der Unternehmerfunktionen mit einzubeziehen und vorbereitend die Übergabe von Leitungsfunktionen zu üben. Seltsamerweise fehlt meist solche Weitsicht.

Mitten im Leben seine Endlichkeit einzubeziehen, scheint nicht nur im Privatleben schwierig zu sein. Stattdessen halten Unternehmen an den Wirkungsweisen ihrer Anfangszeit fest, sodass sich Umstellungsprobleme aufstauen. In der Unternehmenskultur fallen diese Probleme zunächst nicht direkt auf. Eine Vernachlässigung der Kulturentwicklung führt nicht unmittelbar zum Nicht-Funktionieren des Unternehmens und kann daher länger übersehen werden. Im Vergleich dazu wird beispielsweise eine alte defekte IT-Ausstattung nicht toleriert, da sie die Menschen deutlich am Arbeiten hindert.

Oft spielt eine fehlende Rollenflexibilität der Gründer eine wichtige Rolle beim Verfall einer Unternehmenskultur. Deshalb ist die Persönlichkeitsentwicklung von Gründern und Unternehmern für die Unternehmensentwicklung wichtig. Doch sind Gründerfiguren dafür schwer zu gewinnen, sind sie doch meist gerade wegen ihrer Eigenwilligkeit an die Spitze gekommen. Ohne ein Coaching, das allen unternehmerischen Belangen gerecht wird, sind die Chancen gering, dass diejenigen Personen zu einer Veränderung bereit sind. Zudem wäre es wünschenswert, wenn Umstellungsfragen rechtzeitig angegangen werden. Denn besonders leicht scheitern Übergänge bei Gründern, die bis zuletzt auf allen Bühnen unersetzlich und tonangebend sein wollen. Wenn sie plötzlich die Lust verlieren, krankheitsbedingt ausfallen oder auf andere

Schauplätze ihrer Lebensinszenierung wechseln, entsteht unvorbereitet Notstand. Unternehmensentwicklung muss also mit der Lebensentwicklung der tragenden Figuren abgestimmt werden.

Letztlich ist es bei älteren erfahrenen Mitarbeitern verständlich, dass sie bei ihren langjährig entwickelten Qualitäten und Rollengewohnheiten bleiben. Doch oft ist ihnen selbst nicht klar, dass sie sich ein Selbstverständnis aus ihrer Pionierzeit erhalten wollen. In jedem Fall gilt, dass die, die in eine neue Zeit nicht mehr mitziehen, gewürdigt bleiben, zumal sie im Übergang oft die Hauptumsatzträger bleiben und dadurch die neuen Entwicklungen finanzieren müssen.

Ein neuer Ansatz

Da im zuletzt dargestellten Beispiel nicht erkennbar war, wie die freiberuflichen Partner ein sich selbst tragendes System unternehmerischer Verantwortung entwickeln können, wurde dieser Ansatz begraben. Stattdessen wurde intern eine Position mit klassischen Geschäftsführerfunktionen sowie möglicher zukünftiger Eigentumsbeteiligung ausgeschrieben. Für diese attraktive Position interessierten sich auch solche Personen, die bislang nicht durch unternehmerisches Engagement aufgefallen waren. Diesen musste der Gründer mitteilen, dass er ihnen diese Rolle aufgrund der fehlenden Vorerfahrung wie auch seiner sonstigen Einschätzung nicht zutraut. Auch diese Klärung kostete Kraft, zumal die betroffenen Partner in ihren bewährten Funktionen weiterhin für das Unternehmen wichtig waren. Übrig blieben zwei Partner: X, der schon länger als Berater im Unternehmen war und nun doch mit einer solchen Karriere liebäugelte, und Y, der erst relativ kurz aus einer Managerposition in einem größeren mittelständischen Unternehmen in die freiberufliche Partnerschaft mit dem Unternehmen gewechselt war. Beiden wollte der Gründer eine Chance geben, sich in Geschäftsführerfunktionen zu bewähren.

X hatte mehr Erfahrung als Berater und Projektleiter. Y zeigte deutlich Unternehmergeist und Engagement, mit proaktivem Marketing neue Marktsegmente zu erschließen. Man hätte sich gut vorstellen können, dass X und Y gemeinsam vieles vom Leistungsspektrum des Gründers abdecken konnten. Das genaue Ausmaß der Übernahme von Geschäftsführerfunktionen durch die beiden hätte je nach Entwicklung flexibel angepasst werden können, weil sich beide auch durch direkte Projektarbeit auslasten konnten. Zudem stimmte die persönliche Chemie, sodass die drei (X, Y und der Gründer) beschlossen, zu dritt einen Geschäftsführerkreis zu bilden. Die beiden Neuen sollten so viel wie möglich an Geschäftsführerfunktionen nach außen und entsprechende Führungsfunktionen nach innen übernehmen. Ein Plan, wie das genau geschehen sollte, wurde dieser Entscheidung nicht zugrunde gelegt, weil zu einer Geschäftsführungseignung eben die proaktive Selbststeuerung wie auch die Aktivierung anderer gehörte.

Nach einem weiteren Jahr wurde Bilanz für das gemeinsame Lernexperiment gezogen.

X hatte sich mit durchwachsenem Erfolg um die neue Rolle bemüht, kam aber zu dem Schluss, dass er lieber weiterhin inhaltlich mit Kollegen und projektbezogen mit Kunden arbeiten wollte als sich für die Entwicklung der unternehmerischen Dimensionen verantwortlich zu fühlen. In gutem Einvernehmen wurde vereinbart, dass X die Geschäftsführung zugunsten seiner alten Position aufgibt. Anders Y, der spürbar lustvoll und mit Erfolg das Unternehmen am Markt vertrat. Dazu gehörten die Entwicklung eines stärkeren Markenauftritts im Internet und Kontaktpflege mit Bestands- sowie Neukunden, was auch zu entsprechendem Folge- beziehungsweise Neugeschäft führte. In diesen Funktionen wurde er auch innerhalb des Unternehmens geschätzt, und der Gründer fühlte sich entlastet. Der Prozess, in dem sich Y auch als inhaltliche Autorität bei Kunden und Partnern um Akzeptanz bemühte, war noch in Gang, schien aber Aussicht auf Erfolg zu haben. Allerdings mischte der Gründer immer noch mit und es war offen, ob die Entwicklungen stabil bleiben würden, wenn der Gründer ganz in den Hintergrund träte. Insbesondere nach innen und für die inhaltliche Entwicklung war der Gründer noch wichtig. Doch sah es danach aus, als könnten sowohl Projektabwicklung als auch Qualitätssicherung und Nachwuchsförderung unter der Leitung von Y von anderen übernommen werden.

Also beschloss der Gründer, Y für ein Jahr zum angestellten Geschäftsführer zu machen, um in der Übergabe von unternehmerischer Verantwortung weiter voranzukommen. Sollten sich die positiven Erwartungen erfüllen, würde Y dann offiziell die alleinige Geschäftsführung übernehmen und der Gründer würde sich in eine Art Aufsichtsratsvorsitz zurückziehen und ansonsten ausgewählte inhaltliche Projekte verfolgen. Wenn Y auf diese Weise gestärkt wurde, wäre eine solide Grundlage vorhanden, um über Gewinn- und/oder Eigentumsbeteiligung zu reden. Beide Seiten würden sich dann jahrelang in vertrauensvollem Aushandeln von Geben und Nehmen geübt haben. Ein psychologischer Vertrag diesbezüglich entsprach sowohl den persönlichen Beziehungen als auch der Unternehmenskultur. Rechtliche Absicherungen im Vorfeld zu treffen, wurde von den Beteiligten als nicht notwendig erachtet. In solchen Beziehungen ist man besonders aufeinander angewiesen und jeder sollte gute Gründe haben, Geben und Nehmen in ein Gleichgewicht zu bringen. Auch sind Vertrauen und Verlässlichkeit beim gemeinsamen Experimentieren wichtig. Der Prozess war rechtzeitig begonnen worden, sodass beide Seiten noch eine Chance für Kurskorrekturen hatten und auch auf Augenhöhe verhandeln konnten.

6.3 Fazit

Nachdem am Anfang eher misslungene Beispiele skizziert wurden, zeigt dieses ausführliche Beispiel, dass die Übergabe unternehmerischer Verantwortung auf der Basis langjähriger Unternehmenskulturentwicklung gelingen kann, aber eben auch einen längeren und sensiblen Lernprozess erfordert. Es ist offensichtlich, dass es nicht allen Gründern gelingt, sich rechtzeitig auf einen solchen Entwicklungsweg zu machen. Das geschilderte Beispiel sollte also nicht zum Maßstab erhoben werden. Doch sollte es dafür sensibilisieren, wie ein solcher Weg aussehen kann und welche Fragestellungen mit ihm verbunden sind. Die Übergabe von unternehmerischer Verantwortung kann durchaus auch ganz anders ablaufen:

z. B. kann in der nachwachsenden Generation ein unternehmerisches Talent willens und willkommen sein, in die unternehmerische Nachfolge hineinzuwachsen. Oder Unternehmen, die eine weniger sensible Unternehmenskultur haben, können auch von extern hinzugezogenen Talenten gut bewirtschaftet werden. Entscheidend ist, dass das Thema rechtzeitig und aktiv angegangen wird.

7. Profit und Gemeinwohl[7]

„Geld ist kein Wertgegenstand, sondern ein Gestaltungsmittel." Diese Orientierung hat der Autor seinen Kindern vermittelt und vertritt sie auch in seiner Arbeit. In aktuellen gesellschaftlichen Debatten wird zunehmend betont, dass übermäßige Geldorientierung Missstände erzeugt und dass Realwirtschaft und deren Gemeinwohlorientierung wieder stärker in den Vordergrund gehoben werden sollten. Als Ideal sollte die Existenzberechtigung eines jeden Unternehmens an einem werteorientierten Zweck gemessen werden: Wie macht dieses Unternehmen die Welt besser? Aus dieser Perspektive betrachtet stellt nicht der Gelderwerb das Hauptziel des Wirtschaftens dar. Stattdessen soll der Umgang mit Geld zum persönlichen Wohl der Beteiligten sowie zum Gemeinwohl beitragen. Dem Autor ist bewusst, dass er sich mit einer solchen Positionierung zugunsten einer Utopie weit aus dem Fenster lehnt. Aber er möchte diesen Aspekt der menschlichen Verantwortung stärken.

Wohlstand meint einen Stand, in dem den am Wirtschaften beteiligten und vom Wirtschaften betroffenen Menschen wohl ist. Neben materiellen Komponenten geht es ums Sinnerleben, das nicht nur im Privaten, sondern auch im Berufsleben erfahren wird. Wenn sinnvolle Bedingungen geboten werden, sind viele Menschen

_____

[7] Anhang Literatur: Coaching-Magazin Online, 18.01.2022

gerne bereit, Profit- und Gemeinwohlorientierung in ein ausgewogenes Verhältnis zueinander zu setzen. Wie groß in unserer Gesellschaft die Bereitschaft zu sinnvollem Engagement und zur Solidarität ist, kann man in Notfällen, die ein Land betreffen, beobachten, wie beispielsweise der Hilfe vieler in Hochwassergebieten.

Im Folgenden werden einige allgemeine Überlegungen zum Thema Profit und Gemeinwohl entwickelt. Im Anschluss wird am Beispiel der isb GmbH und der Schmid Stiftung aufgezeigt, wie wichtig es ist, eine Balance zwischen Profit und Gemeinwohl zu finden.

7.1 Wozu Profit?

Dass Menschen von ihren wirtschaftlichen Betätigungen leben können sollen und sich einen hinreichenden Wohlstand sichern wollen, ist klar. Solange dies fraglich bleibt und man nicht abgesichert ist, muss Gelderwerb ein wesentliches Ziel sein. Doch wäre es schön, wenn sich Geld- und Profitorientierung nicht verselbständigten, wie dies in unserer Gesellschaft leider weit verbreitet ist. Wie viel materiellen Wohlstand, Absicherung und Luxus ein Mensch zu brauchen glaubt, ist natürlich individuell. Doch über ein vernünftiges Maß hinaus muss mehr Geld nicht zwingend glücklicher machen. Das letzte Hemd hat bekanntlich keine Taschen und Geld kann man weder essen noch in den Arm nehmen. Nur Dagobert Duck scheint beim Bad in den Dukaten sinnliches Vergnügen zu empfinden. Am Ende geht es um Selbstverwirklichung und ein erfülltes Leben für den Einzelnen und um die Würde, mit seinem Wirken zum menschlichen Wohl beizutragen.

7.2 Erst Profit, dann Gemeinwohl?

Eine entscheidende Herausforderung ist die Änderung von Gewohnheiten. Viele wären zu Einigem bereit, wenn sie dabei angemessen angeleitet und begleitet würden. Doch genau daran fehlt es massiv in unserer Gesellschaft. Das Entwickeln und Propagieren von guten Ideen oder Änderungen von Praktiken im kleinen Rahmen sind das eine, die konkrete Umgestaltung größerer gesellschaftlicher Prozesse das andere. Gute Ideen und Motivationen in komplexere unternehmerische und gesellschaftliche Zusammenhänge zu integrieren und diese im Alltag umzusetzen, erfordert unternehmerisches Geschick und die nachhaltige Umgestaltung von Organisationskulturen unter Einbezug der sie tragenden Menschen. Wie so oft wäre es leichter, in der DNA eines Berufslebens und einer Organisation möglichst von vornherein Muster zu entwickeln, die auf eine ausgewogene Profit- und Gemeinwohlorientierung angelegt sind. Doch ist für integrierende Ansätze noch viel Entwicklungsarbeit zu leisten.

Meist wird versucht, eine Organisation zunächst profitorientiert zu entwickeln und zu stabilisieren, um bei Gelingen eventuell gemeinwohlorientierte Perspektiven nachträglich einzubeziehen. Doch wenn sich die DNA einer Organisation erst mal etabliert und in alle Gewohnheiten eingelagert hat, sind solche Weiterentwicklungen schwierig. Oft kann man beobachten, dass nach einer langen, vielleicht übermäßigen Profitorientierung erkennbar wird, dass man längst sein Ziel erreicht oder gar übertroffen hat. Vielleicht wäre man rückblickend gerne mit manchem anders umgegangen und würde nun den Preis für mehr werteorientiertes Handelns zahlen wollen. Wie kann später mit Versäumnissen umgegangen werden?

Manche verlegen sich spät auf philanthropisches Engagement, spenden, gründen Stiftungen etc. Sicher ist das lobenswert, doch kann damit eine langjährige einseitige Orientierung gutgemacht werden? Dialoge zum ethischen und ökologischen Fußabdruck des eigenen Wirtschaftens gehören nun zum aufrichtigen Bilanzieren. Wäre es nicht wichtig gewesen, frühzeitig die Weichen richtig zu stellen? Zäsuren aller Art, die größere Umwälzungen im Berufsleben oder der Entwicklung einer Organisation mit sich bringen können, können frühzeitig Gelegenheit bieten, die Rahmen neuzugestalten.

Die Erfahrungen in der Schmid Stiftung haben den Autor gelehrt, dass Gutwilligkeit wichtig ist, aber nicht ausreicht, um Unternehmertum und Gemeinwohlorientierung zu vereinen und viele Perspektiven und Kompetenzen dafür zu integrieren. Wirtschaften und Unternehmertum im gemeinwohlorientierten Feld hat sich teilweise sogar als schwieriger herausgestellt als im Profitbereich. Gerade, wenn nicht über Preise und Kosten gesteuert wird, wenn Geben und Nehmen in anderen Währungen als in Geld verhandelt wird, ist manches schwieriger, müssen Maßstäbe und Spielregeln neu ausgehandelt werden. Leider kann dabei vermutlich selten auf direkt verwertbare Erfahrungen anderer zurückgegriffen werden, stattdessen müssen meist eigene Lernprojekte entwickelt werden, bei denen sich Betroffene und Gestalter zu Lerngemeinschaften zusammenfinden.

7.3 Integration von gemeinwohlorientiertem Handeln

Wie kann eine Vermischung von wirtschaftlich erfolgreichem und gemeinwohlorientiertem Handeln gelingen? Dies soll nun am Beispiel der isb GmbH und der Schmid Stiftung beschrieben werden. Die isb GmbH ist ein Familienunternehmen. Da 25 Jahre gut gewirtschaftet worden war, war die Gründerfamilie abgesichert. Mehr musste nicht sein. Zur Zeit des 25-jährigen Jubiläums und des 62sten Lebensjahrs des Gründers war nicht in Sicht, dass jemand aus der Gründerfamilie eine unternehmerische Funktion im isb ausfüllen oder das Unternehmen aus der Investorenperspektive steuern würde. Dennoch war es an der Zeit, die Weichen für die Zukunft des Unternehmens zu stellen.

Der Gründer entschied sich dafür, das isb langfristig aus der Gründerfamilie herauszulösen und zu einem sich selbst tragenden Organismus mit stabiler Wirtschaftskraft und Gemeinwohlorientierung zu entwickeln. Dafür war die Übertragung der isb GmbH auf eine gemeinnützige Stiftung, die Schmid Stiftung, die funktionalste Lösung. Künftige Entscheidungen bezüglich der isb GmbH sollten nicht an privaten Investoreninteressen, sondern am Wohl aller Stakeholder des isb und an der Fortschreibung seiner Kultur ausgerichtet werden. Gleichzeitig sollten – anders als bei Förderstiftungen, die Geldmittel zur

Verfügung stellen – die Stiftungsmittel dafür verwendet werden, Knowhow im Fachgebiet des isb in unentgeltliche Dienstleistungen für gemeinnützige Organisationen umzuwandeln. Diese sollten der Gesellschaft dort zur Verfügung gestellt werden, wo dies nicht aus eigener Einsicht oder aus eigenen Mitteln geleistet werden kann. Gerade im gemeinwohlorientieren Bereich fehlt es Organisationen oft an Einsicht, dass sie ohne gute Organisationsentwicklung in Gefahr sind, kurzatmig zu bleiben oder in Umständlichkeit und selbst gemachten Problemen zu versinken.

Zur Entwicklung von Organisationen und ihrer Kultur gehören Werte, Konzepte, Methoden, Arbeitsformen und Vorgehensweisen, bei denen die Beziehungen von Mensch und Beruf, Mensch und Organisation sowie Mensch und Wirtschaften im Fokus stehen. Dabei sollen multidisziplinäre Perspektiven und ein enger Theorie-Praxis-Zusammenhang bedeutsam sein.

Mit Hilfsangeboten sollten also nicht einfach Lücken in vorhandenen Systemen gefüllt werden, sondern entscheidend sollte sein, ob das Zusammenwirken zwischen Schmid Stiftung und Kundenorganisation die Organisationsentwicklung in Eigenverantwortung bei den Leistungsempfängern stärkt. Eine enge Verzahnung der isb GmbH und der Schmid Stiftung soll gewährleisten, dass auch auf Seiten des Leistungserbringers verschiedene Aspekte von gemeinwohlorientiertem und humanem Wirtschaften nicht auseinanderfallen.

7.4 Unternehmerische Herausforderung

Im gemeinnützigen Bereich soll durch die Schmid Stiftung über unentgeltliche Leistungen die angemessene Berücksichtigung von Organisationsentwicklungs-Knowhow angeregt werden.

Dieses Anliegen unternehmerisch umzusetzen, erweist sich in der Praxis als weit anspruchsvoller als gedacht, da viele Interessenten, die sich an die Schmid Stiftung wenden, oft nur akute Notstände behoben haben wollen. Die Bereitschaft, das eigene Wirtschaften nachhaltig zu entwickeln, Verantwortung für unternehmerisches Lernen auch im gemeinwohlorientierten Bereich zu übernehmen und externes Organisationsentwicklungs-Knowhow für die eigenen Belange zu integrieren, ist selten gegeben. Stattdessen neigt man zu Feuerwehraktionen und sucht für gewohnte Herangehensweisen kostenlose Unterstützung. Dass in einem bestimmten Umfang unternehmerisches Lernen und Organisationsentwicklung nötig sind, um dem Gemeinwohlanliegen über die Pionierphase hinaus zu dienen, ist als Einsicht selten von vornherein anzutreffen. Viele gemeinwohlorientierte Engagierte wollen sich ganz ihrem eigentlichen Anliegen widmen und erkennen oft nicht, dass dies ohne nachhaltige unternehmerische Entwicklung in der Breite und über lange Zeit nicht zu realisieren ist. Dann geraten solche Organisationen wegen verschleppter Entwicklungen in Not und ihre Leistungsfähigkeit entwickelt sich nicht über erste Pionieransätze hinaus oder geht mit der Zeit wieder verloren.

Es ist also nicht so leicht, verständlich zu machen, dass Unterstützung zwar kostenlos aber nicht ohne Gegenleistung zur Verfügung gestellt werden soll. Als Gegenleistung werden eine Bereitschaft zur Entwicklung unternehmerischer Verantwortung und zum nachhaltigen Lernen der Organisation bezüglich ihrer eigenen Entwicklung erwartet. Da darin nicht das Primärinteresse der meisten Kunden liegt, muss ein begehbarer Grat zwischen aktuellem konkretem Nutzen und der Herausforderung, sich weiteren Entwicklungen zu stellen, gefunden werden. Die Schmid Stiftung als Dienstleister muss zwischen notwendiger Eigenverantwortung der Kunden für unternehmerische Entwicklungen und unangemessener Uberforderung bzw. Belästigung mit für sie zunächst ungewohnten Anforderungen balancieren.

Dazu kommt, dass solchen Anforderungen ausgewichen werden kann, wenn andere Förderer und Unterstützungssysteme für bequemere Lösungen zu gewinnen sind. Diese Problematik ist dem Autor aus Beratungen in der Entwicklungshilfe vertraut. Dabei liegt es nicht daran, dass diese Unterstützer es sich bequem machen oder nur Geld verteilen wollen, sondern sie wissen nicht recht, was sie sonst tun können. Echte entwicklungsorientierte Unterstützung ist ein anspruchsvolles Geschäft, das seinerseits noch erheblich weiterentwickelt werden muss. Nachhaltige Unterstützung erfordert Entwicklungsarbeit, bei der man nicht so leicht mit Erfolgsmeldungen und großen Zahlen an die Öffentlichkeit treten kann.

Als Konsequenz bietet sich die Schmid Stiftung nicht nur den Endkunden an, sondern auch als Entwicklungspartner für andere Unterstützungssysteme und Förderstiftungen, die ihrerseits ihre eigene Förderkultur mit Organisationsentwicklungs-Knowhow anreichern und entwickeln wollen.

7.5 Integriertes Geschäftsmodell

Die Schmid Stiftung organisiert und finanziert Rahmen, in denen gemeinwohlorientierte Kunden ihre Situation und Entwicklungsmöglichkeiten reflektieren können. Gemeinsam werden Ideen entwickelt, was die Kunden eigenständig für ihre Entwicklung und die Lösung ihrer Probleme tun können und müssen, welche Haltung und Ausstattung sie dafür brauchen und wie sie dafür geeignete externe Dienstleistungen und Hilfestellungen in Anspruch nehmen können.

Die eigentliche Hilfe bei der Verfolgung von Entwicklungsthemen wird pro bono durch Netzwerkpartner des isb geleistet. Die bezahlten Mitarbeiter der Schmid Stiftung organisieren dafür den Rahmen und leisten das sogenannte Matching: Auf der einen Seite wird im Vorfeld mit den Interessierten geklärt, welche Anliegen und Erwartungen vorliegen sowie, welche Vorgehensweisen passend wären und welche Art von Hilfsleistung wie nützlich sein könnte. Auf der anderen Seite müssen die Netzwerkpartner gewonnen, speziell auf die besonderen Rollen und Aufgaben vorbereitet und während der eigentlichen Arbeit mit den Kunden begleitet werden.

Die Stiftungsmitarbeiter sind auch für die Produktentwicklung, das Marketing, die Qualitätskontrolle und die Partnerbetreuung zuständig. Wie bei jedem Unternehmen sind vielfältige und komplexe Prozesse zu steuern, ohne die eine nachhaltige Entwicklung und Etablierung am Markt nicht erfolgreich sein kann. Dies ist umso anspruchsvoller, da es für Brückenfunktionen zwischen Profit- und Gemeinwohlbereichen in unserer Gesellschaft wenig eingespielte Vorstellungen und Abläufe gibt. Es ist neben den aktuellen Hilfestellungen also auch in anderer Hinsicht Pionierarbeit zu leisten.

Man kann sich also nach Geschäftserfolgen im Business nicht im gemeinwohlorientierten Bereich zurücklehnen. Stattdessen ist Unternehmertum hier oft sogar anspruchsvoller und gleichzeitig weniger entwickelt. Oder es hat mit noch mehr gesellschaftlicher Trägheit zu kämpfen als im Profitbereich.

Daher geht es für die isb GmbH auch darum, in ihrem Kerngeschäft Unternehmertum so zu entwickeln und zu vermitteln, dass auch im Profitbereich von vornherein mehr gemeinwohlorientierte Perspektiven integriert werden können. Also verschränken sich die Entwicklungsanliegen des isb als Bildungseinrichtung im Profitbereich mit denen der Schmid Stiftung, die Unternehmertum im gemeinwohlorientierten Bereich fördert. Dies bietet zusätzliche Herausforderungen, aber auch Bereicherungen, und legt eine enge Zusammenarbeit zwischen isb GmbH und Schmid Stiftung nahe. Diese Verknüpfung bedeutet, sich selbst dem notwendigen Lernen und dem integrierenden Unternehmertum zu verpflichten.

Dieses Zusammenwirken wird auch durch die Finanzierungsstruktur unterstrichen. Die Schmid Stiftung lebt von Überschüssen der isb GmbH und hat daher allen Grund, deren Erfolg zu fördern. Derzeit geschieht dies noch über Spenden der isb GmbH an die Schmid Stiftung, künftig nach Übereignung durch Gewinnentnahmen aus der isb GmbH. Die isb GmbH hat allen Grund, den Entwicklungsanliegen der Schmid Stiftung zuzuarbeiten, steht sie doch in ihrer Kernidentität für humanes Wirtschaften. Zudem ist Glaubwürdigkeit hier entscheidend. Weder darf die Gemeinwohlorientierung als humanes Mäntelchen oder Vehikel zu mehr Kommerz ausgenutzt werden, noch dürfen marktwirtschaftliche und unternehmerische Gesichtspunkte dazu führen, alles kommerziellen Diktaten unterzuordnen. Im Konkreten sind Grenzen auch bei bester Absicht nicht so leicht bestimmbar. Es bedarf einer intensiven Kommunikation zwischen allen Stakeholdern, um sinnvolle Bestimmungen festzulegen.

Die isb GmbH und die Schmid Stiftung haben sich daher für ihre eigene Entwicklung Zeit gegeben, um Konzepte, Produkte und Strategien zu entwickeln und sich gemeinsam in ein nachhaltiges Funktionieren einzuarbeiten. Der Stiftungsvorstand, der Stiftungsrat und die Stiftungsleitung sind fachkundig und haben sich über Jahre gemeinsam in die neuen Funktionen, Rollen und Prozesse eingearbeitet. Nachdem das Modell zu einem eigenständig lebensfähigen Organismus entwickelt wurde, ist der richtige Zeitpunkt, die isb GmbH an die Schmid Stiftung zu übertragen.

7.6 Fazit

Die isb GmbH und die Schmid Stiftung bestehen seit vielen Jahren. Beide sind in vielerlei Hinsicht gewachsen. Viele neue Konzepte, Themen, Mitarbeiter und Partner sind dazugekommen. Die Integration schreitet voran.

Viele wollen der Gesellschaft, in der ihnen der Rahmen für so viel hochwertiges Leben und Wirken geboten wurde, mehr als das Übliche zurückgeben. Am Beispiel des Zusammenwirkens zwischen der isb GmbH und der Schmid Stiftung zeigt sich, dass sich in der Integration von gemeinwohlorientiertem Handeln in ein profitmotiviertes Unternehmen neue Netzwerkdimensionen auftun können.

8. Über die Entwicklung eines gesunden Berufslebens[8]

Im Beruf und in Organisationen werden Menschen mit zahlreichen Herausforderungen konfrontiert, denen sie sinnvoll begegnen müssen, wollen sie ein erfüllendes Berufsleben gestalten. Die Frage, ob dies gelingt, nimmt erheblichen Einfluss auf die seelische Gesundheit und die private Lebensführung. Welche Perspektiven können hilfreich sein?

8.1 Vielfalt, Integration und Kontext

Ich bin berührt vom Werdegang einer Kollegin. Sie war als Leiterin einer Beratungsstelle fristlos entlassen worden. Viele ihrer bearbeitet geglaubten psychischen Probleme kamen zurück.

Als anerkannte Expertin und Lehrtrainerin ihrer Fachgesellschaft wirkte sie noch kurz vor ihrer Entlassung kompetent und mit bester Ausstrahlung als Referentin und als Supervisorin. Sie ist eine kompetente Mutter, hatte eine schwierige Scheidung gut überstanden.

Obwohl sie gerne freiberuflich tätig gewesen wäre, fand sie den Zugang dazu nicht. Potenzielle Partner schätzten ihre fachliche Mitwirkung, konnten aber am Ende zu einer geschäftlichen Kooperation nicht ja sagen.

---

[8] Anhang Literatur: Coaching-Magazin Online, 11.01.2021

Auch in einer öffentlichen Institution, die sie selbst mit aufgebaut hatte, war sie in ihrem fachlichen Wirken unumstritten, doch hatten sich die Probleme in der Auseinandersetzung um ihre Leitungsfunktion zugespitzt. Drei neue Mitarbeiter akzeptierten ihre Führung nicht und gingen in der Probezeit. Da sie gewöhnlich mehr arbeitete, als ihrem Deputat entsprach, hatte sie wenig auf eine Trennung von nebenberuflichen Interessen und ihrer Tätigkeit geachtet. Was sie am Ende für die Stelle tat, galt jahrelang als angemessen. Dennoch wurde dies Thema, als sie sich mit einem neuen Aufsichtsgremium konfrontiert sah.

Die Jahre davor waren irgendwie im persönlichen Kontakt mit den Mitgliedern des alten Aufsichtsgremiums geregelt worden. Diese ließen sie im Wesentlichen machen. Dass vieles plötzlich infrage stand, erlebte sie als ungerecht und kränkend. Daher verweigerte sie letztlich eine formgerechte Klärung ihrer Tätigkeit und Funktion als Leiterin. Sie erlebte eine solche als Beschädigung ihrer persönlichen und fachlichen Integrität und versuchte sich in den sich aufschaukelnden Konflikten durch persönliche und fachliche Auseinandersetzung mit dem Leiter des Aufsichtsgremiums durchzusetzen.

Ihr weiteres Berufsleben und ihr psychisches Gleichgewicht waren danach infrage gestellt – gerade zu dem Zeitpunkt, da ihre Kinder ihr mehr Spielraum für die ihr wichtige Berufstätigkeit ließen. Ein Fall für Therapie? Gab es Belastungen in ihrer Biographie, die zu diesen Schwierigkeiten führten? Vielleicht.

Ich möchte jedoch im Folgenden andere als biographische Perspektiven betrachten, die einer solcher Situation gerecht werden könnten.

8.2 Personen- und Systemqualifikation

Auch möchte ich nicht so sehr private Bezüge und Ausstattungen hervorheben, sondern den Zusammenhang mit Profession, Organisation und Gesellschaft. Ich bitte diese Perspektiven nicht als konkurrierende, sondern als ergänzende zu begreifen. Ausgehend von inneren Wirklichkeiten lenke ich meine Aufmerksamkeit auf berufliche Wirklichkeiten und Beziehungen, die mit inneren interagieren. Ich komme so auf Rollen im Beruf, in Organisationen und auf anderen gesellschaftlichen Bühnen. Damit löse ich mich von privater Persönlichkeitsausstattung und Biografie und frage nach notwendigen persönlichen Kompetenzen, um in Berufs- und Organisationswelten zurechtzukommen.

Die Personenqualifikation ist die eine Seite der Medaille. Die andere Seite ist die Systemqualifikation: Wie sollen berufliche Kontexte und Organisationen gestaltet werden, damit Menschen darin leistungsfähig und gesund sein können? Welche Berufsbiographien einem Menschen möglich sind, hat mit dem professionellen Feld und den Organisationsmustern dort zu tun. Wie sich Menschen in Organisationen dem Organisationszweck und gleichzeitig ihrem Wesen gemäß entwickeln können, hat etwas mit Organisationskultur zu tun. Beides interagiert mit Gesundheit und privatem Leben.

Die Frage, ob es gelingt, den Herausforderungen im Beruf und in Organisationen zu begegnen sowie ein erfüllendes Berufsleben zu gestalten, wirkt auf die seelische Gesundheit und die private Lebensführung in erheblichem Maß zurück.

Wenn genügend Stress im Berufsleben entsteht, reagiert jeder in einer Weise, die man als psychisch „gestört" betrachten kann. Umgekehrt helfen gesunde Verhältnisse, sich selbst funktional zu organisieren und biographische Belastungen außer Wirkung zu setzen. Solche Belastungen wegtherapieren zu wollen, damit sie unter Stress nicht zu Störungen führen, kann eine endless story werden. Wir gehen heute davon aus, dass problematische Muster im Gehirn sowieso nicht gelöscht werden können. Sie werden eher positiv überformt. Wenn die Überformungen ermöglichen, sich auszukennen, wertgeschätzt zu werden und wirksam zu sein, hat man gute Voraussetzungen, gesund zu sein. In den Dimensionen Profession, Organisation und gesellschaftliche Verhältnisse musste die erwähnte Kollegin massive Verluste hinnehmen. Wenn dennoch Gesundheit erreicht wurde, aber dann wieder verloren ging, muss das nicht heißen, dass eine Störung wieder durchbricht, sondern dass weitere Überformungen und Entwicklungen notwendig sind, um gesund zu bleiben. Der Einbruch bei der Kollegin war nicht vorrangig durch ihre persönliche Entwicklung bedingt, sondern durch Änderungen im Umfeld, für die sie nicht gerüstet war bzw. für die sie nicht im notwendigen Maß dazulernte. Sie hätte auch gesund bleiben können, wenn sie ihre freiberufliche Entwicklung erfolgreicher betrieben hätte und die Organisation hätte verlassen oder wechseln können.

So verstrickte sie sich zunehmend in problematische Erlebens- und Verhaltensmuster, die von früheren Zeitpunkten ihrer Biografie bekannt waren. Die Art, wie sie gestört auf diesen Stress reagierte, war eine sehr persönliche. Aber heißt das, dass auch persönliche weitere Therapie angesagt gewesen wäre? Oder kann man in einem solchen Fall anderes tun, um den psychischen Druck soweit zu nehmen, damit wieder Wasser unter den Kiel kommt?

Angenommen, das neue Aufsichtsgremium würde in einem solchen Fall abberufen oder besänne sich auf eine deeskalierende und persönlich bezogene Gangart, dann würde der Stress vielleicht so weit nachlassen, dass sie an überformende Kompetenzen wieder Anschluss finden würde und jetzt erkennen könnte, welche Weiterentwicklungen im Beruf und in ihrer Organisationsfunktion ihr zusätzliche Spielräume verschaffen könnten. Vielleicht würde sie nun – zusätzlich zu ihren vorhandenen fachlichen Voraussetzungen – auch Kompetenzen im Leiten von Beratungsstellen erwerben. Würde sie sich mit Stellenleitern austauschen, eventuell zusammen mit dem Aufsichtsgremium eine neue Kultur des Zusammenwirkens erarbeiten und lernen, dazu kompetente Vorschläge zu machen und überzeugend dazu einzuladen, wäre für ihre psychische Gesundheit vielleicht mehr gewonnen als mit Psychotherapie.

8.3 Professions- und Organisationskulturentwicklung

Diese Entwicklungen kann man aber nicht allein aus der jeweiligen Fachlichkeit heraus bewältigen. Die Fachlichkeit muss in ein umfassenderes Verständnis von Professions- und Organisationswelten eingebunden werden.

Manche Musiker z. B. üben und üben, anstatt zu lernen, sich im Berufsfeld und auf den Märkten zu bewegen. Das Problem ist oft, dass sie und ihre Lehrer sich in begrenzten Wirklichkeitsblasen aufhalten, aus denen heraus es entweder nur wenige Lösungsdimensionen gibt oder alle sich irgendwie durchschlagen, aber Dimensionen jenseits ihrer ursprünglichen Fachlichkeit nicht dem Professionsverständnis zugeschlagen werden. Damit finden diese Kompetenzdimensionen auch keinen Eingang in den offiziellen Konzeptkanon und in die ausgewiesene Professionskultur. Gelingt es solchen Musikern, ihre Kompetenz bezüglich des Professions- und Organisationsfeldes zu erhöhen, dann könnten sie sich dort sicherer bewegen, was wiederum ihre Gesundheit verbessern könnte. Letzteres wiederum könnte ihre musikalische Entwicklung beflügeln.

Gegen die Gewohnheiten ihres beruflichen Umfeldes können Einzelne eine originelle berufliche Identität schlecht entwickeln. Auch ein erweitertes Verständnis ihrer Organisationsfunktion können sie nicht ohne Zusammenspiel mit ihrer Organisationsumwelt etablieren. Daher sind nicht nur Persönlichkeitsentwicklung, sondern auch Professions- und Organisationskulturentwicklung angesagt.

Es ist vielleicht deutlich geworden, dass auch andere Inhalte und Kontexte entscheidend werden können und nicht nur jene, mit denen man durch psychologische Schulung vertraut gemacht wird. Verständlicherweise sehen sich Psychologen nicht für Professions- oder Organisationsentwicklung zuständig.

Sie wollen mit Persönlichkeit und persönlichen Beziehungen, mit unerkannten Gefühlen, Überzeugungen und Motivationen arbeiten.

Professionskulturen und Organisationskulturen sind die Außenwelt, in die sich die Innenwelten der Persönlichkeit hinein vernetzen. Fraglich ist, wie konstruktiv man die Innenwelten ohne Einbeziehung der Außenwelten erfassen kann – und natürlich umgekehrt.

8.4 Wohlergehen und Kompetenz

Ich hoffe, es ist deutlich geworden, dass Wohlergehen mit Kompetenz zu tun hat. Kompetenz kann hier aber nicht allein auf die Weiterentwicklung von persönlich-biografischen Erlebens- und Verhaltensmustern begründet werden, sondern muss kontextbezogen definiert werden. Die Welt, in der man eine Kompetenz beansprucht, entscheidet, ob diese zur Geltung kommt. Natürlich kann und soll dabei auf Erfahrungen Bezug genommen werden, doch sollten sie in kontextgemäße Rollen transformiert werden. Andererseits soll niemand Sklave bestimmter Kontexte werden und sich dabei in seinem Wesen verlieren.

Vermutlich ist zu bemerken: Ansatzpunkte für persönliche Gesundheit konzentrieren sich hier weniger auf privat-persönliche Biografie und private Selbstaktualisierung. Mehr ins Blickfeld kommen die Kulturen der Professionswelten (z. B. Märkte oder Verbände) oder die Kulturen der Organisationen, in denen man leistungsfähig und gesund sein will.

Wenn also jemandem geholfen werden soll, aus einer sich nicht nur privat darstellenden Krise herauszukommen oder eine befriedigende und gesunde Berufsbiografie zu entwickeln, dann kann das neben Psychotherapie bedeuten:

Investitionen

- in persönliche Professionalität
- ins professionelle Feld, das Kontext dafür ist (z. B. Verbandsarbeit, Weiterbildungs- und Prüfungskultur)
- in Organisationsrollenkompetenzen (Weiterbildung in Organisationsfunktionen wie z. B. Unternehmens- oder Personalführung)
- in Organisationskultur, damit Kompetenz besser zur Geltung kommt bzw. auch mittelmäßig Kompetente und Robuste gut und gesund arbeiten können.

Welche Beratungs- bzw. Therapieansätze stark gemacht werden sollen, ist auch eine Frage des sinnvollen Einsatzes von gesellschaftlichen Ressourcen. Wenn in einem Unternehmen oder in einem Gesellschaftsbereich viele Personen Störungen entwickeln, dann sind neben persönlichen Hilfen Investitionen in Kultur gefragt. Wenn sich persönliche Probleme in bestimmten Professionen häufen oder eine Profession in ihrer Bedeutung für eine Organisationen oder für die Gesellschaft stagniert, dann muss über die Profession nachgedacht werden. Dies ist dann indirekt persönliche Hilfe, aber auch ein Beitrag zur Gesundheit von Organisationen und Gesellschaft und damit zur Gesundheit vieler dort lebenden Menschen.

Wenn beispielsweise in einem Verband Ausbildungskandidaten sehr viel eigene Psychotherapie brauchen und die Ausbildungsgänge sehr lang werden, dann muss schon die Frage erlaubt sein, ob die Rahmen stimmen, ob die Professionskulturgewohnheiten nicht die Menschen unnötig belasten. Und selbst wenn sie damit zurechtkommen: Entwickeln sie angemessene Resilienz? Stimmt ihr Kompetenzprofil für künftige Welten mit starken Veränderungen? Sind sie sich darüber klar, dass sie noch weitere und vielleicht ganz andere Kompetenzen brauchen, um in diesen Welten gesund bleiben zu können?

8.5 Fazit

Wir haben es also, was die Entwicklung eines gesunden Berufslebens betrifft, mit einer Vielfalt von Dimensionen und beteiligten Systemen zu tun. Sie angemessen zu berücksichtigen, führt über Psychologie hinaus. Von diesen weiten Perspektiven aus betrachtet kann jeder nur Ausschnitte bedienen und braucht interdisziplinäres Zusammenspiel, um bei seiner Spezialisierung die größeren Zusammenhänge nicht aus den Augen zu verlieren.

Dort, wo Menschen biographisch so belastet sind, dass sie sich sehr schwertun, mit den Verhältnissen zurecht zu kommen und das Notwendige zu lernen, ist Psychotherapie sicher wichtig. Dort, wo Spielräume sind, ist zu überlegen, welche Art von Lernprozessen zur Wahl stehen und wie Ressourcen für den Einzelnen und für gesellschaftliche Bedingungen von Gesundheit einzusetzen sind.

Literatur

Zu Kapitel 1) Angestellte, Freiberufler, Unternehmer, Investoren:

- Schmid, B. *Coaches und ihre berufliche Identität. Teil 1, Freiberufler – Unternehmer – Investor*, (Coaching-Magazin Online, 30.04.2021)

Zu Kapitel 2) Professionalität, Produkte und Märkte:

- Schmid, B. *Coaches und ihre berufliche Identität. Teil 2, Professionalität, Produkte und Märkte*, (Coaching-Magazin Online, 28.05.2021)
- Schmid, B. *Gemeinsames Verständnis von Kompetenz, Kap. 6, isb-Handbuch*, isb GmbH Wiesloch, Tredition, 2021
- Schmid, B. *Originalton*. isb GmbH Wiesloch, Institutsschrift (1998), *www.isb-w.eu/campus/de/schrift/Originalton-1998SY0364D*
- Schmid, B. & Gérard, C. *Systemische Beratung jenseits von Tools und Methoden. Mein Beruf, meine Organisation und ich*. Köln: EHP, 2012

Zu Kapitel 3) Partnerschaften und Unternehmensgründung:

- Schmid, B. *Coaches und ihre berufliche Identität. Teil 3, Partnerschaften und Unternehmensgründung*, (Coaching-Magazin Online, 24.06.2021)
- Schmid, B. (2020). *Die Milieu-Perspektive im Coaching. Betrachtungen einer beruflichen Partnerschaft*. Coaching-Magazin, 13(1), S. 27–31.
- Schmid, B. & Jokisch, W. (1998). *Ich-Du- und Ich-Es-Typen*. Institutsschrift. isb Wiesloch.

Zu Kapitel 4) Entwicklung zum Unternehmen – Phasen und Rollen:

- Schmid, B. *Coaches und ihre berufliche Identität. Teil 4, Entwicklung zum Unternehmen – Phasen und Rollen*, (Coaching-Magazin Online, 06.08.2021)

Zu Kapitel 5) Unternehmertum, Geld und Beteiligungen:
- Schmid, B. *Coaches und ihre berufliche Identität. Teil 5, Unternehmertum, Geld und Beteiligungen*, (Coaching-Magazin Online, 29.09.2021)
- Schmid, B. *Gemeinsam Kohärenz-Krisen bewältigen, Kap. 9, isb-Handbuch*, isb GmbH Wiesloch, Tredition, 2021
- Schmid, B. Wirklichkeitsstile teilen, Kap. 11, isb-Handbuch, isb GmbH Wiesloch, Tredition, 2021
- Schmid, B. *Systemische Transaktionsanalyse: Beziehungen II*. isb GmbH Wiesloch, campus Video (2017), *www.isb-w.eu/campus/de/video/Systemische-Transaktionsanalyse-Beziehungen-II-2009VW1274D*
- Schmid, B. *Innere Bilder - Biographien – Berufslebenswege*. isb GmbH Wiesloch, campus Video (2016), www.isb-w.eu/campus/de/video/Innere-Bilder-Biographien-Berufslebenswege-2016VW1093D
- Stierlin, H. *Gerechtigkeit in nahen Beziehungen*. Heidelberg: Carl-Auer, 2021

Zu Kapitel 7) Profit und Gemeinwohl:
- Schmid, B. *Coaches und ihre berufliche Identität. Teil 7, Profit und Gemeinwohl*, (Coaching-Magazin Online, 18.01.2022)

Zu Kapitel 8) Über die Entwicklung eines gesunden Berufslebens:
- Schmid, B. *Über die Entwicklung eines gesunden Berufslebens, Vielfalt, Integration und Kontext*, (Coaching-Magazin Online, 11.01.2021)

Weitere Bücher von Bernd Schmid:

Tredition 2016 und isb-w.eu/campus/2015SB0274D

Tredition 2016 und isb-w.eu/campus/2016SB0275D

Tredition 2020 und isb-w.eu/campus/2020SV0216D

Tredition 2021 und isb-w.eu/campus/2019SB0150D

Tredition 2021 und isb-w.eu/campus/2021SV0221D

Tredition 2022 und isb-w.eu/campus/2022SV0226D

isb - mehr als Weiterbildung

Das **isb** (**Institut für systemische Beratung**, Leitung: Thorsten Veith) steht als Fachinstitut für Professions-, Organisations- und Kulturentwicklung seit 1984 für hochwertige Professionalisierung von Fachleuten in Organisationen/Unternehmen und ist dort eines der erfahrensten und renommiertesten Institute. Es qualifiziert Führungs- und Fachkräfte bezüglich der Steuerung von Organisationen in Veränderungsprozessen, in systemischer Beratung und Coaching sowie Organisations- und Kulturentwicklung.

Sein Renommee am Markt verdankt das **isb** seinen innovativen Konzepten und Methoden zu den aktuellen Herausforderungen in der Entwicklung von Unternehmen und persönlicher Professionalität. Das Netzwerk von Professionals des **isb** umfasst tausende Alumni aller Branchen (darunter 90% der DAX-Unternehmen) und anderer Gesellschaftsbereiche.

Das **isb** steht mittlerweile für Vieles mehr: Services, Initiativen und Events rund um das isb-Netzwerk, im Feld und in Kooperation mit nationalen und internationalen Verbänden/Organisationen sowie medial aufbereitetes Know-how zu Inhalten und Methoden. Das **isb** gestaltet das Feld systemischer Praxis und systemischer Unternehmensentwicklungen maßgeblich mit.

Publikationen, Themenhandouts, Audios, Videos und Arbeitsmaterialien finden Sie kostenfrei auf dem isb-campus zur eigenen Nutzung: www.isb-w.eu. Besuchen Sie auch unsere internationale Präsenz: **www.isb-w.eu/en**

Zeitfracht Medien GmbH
Ferdinand-Jühlke-Straße 7
99095 Erfurt, Deutschland
produktsicherheit@kolibri360.de